贾飞 著

天才鉴定历史档案

TIANCAI JIANDING LISHI DANGAN

山西出版传媒集团
山西人民出版社

图书在版编目（CIP）数据

天才鉴定历史档案 / 贾飞著 . —太原 : 山西人民出版社，2019.9

ISBN 978-7-203-11101-6

Ⅰ . ①天… Ⅱ . ①贾… Ⅲ . ①名人—生平事迹—中国 Ⅳ . ① K82

中国版本图书馆 CIP 数据核字（2019）第 207298 号

天才鉴定历史档案

著　　者： 贾　飞
责任编辑： 翟丽娟
复　　审： 刘小玲
终　　审： 秦继华
装帧设计： 陈　婷

出 版 者： 山西出版传媒集团 · 山西人民出版社
地　　址： 太原市建设南路 21 号
邮　　编： 030012
发行营销： 0351-4922220 4955996 4956039 0351-4922127（传真）
天猫官网： http://sxrmcbs.tmall.com　电话：0351-4922159
E-mail： sxskcb@163.com 发行部
sxskcb@126.com 总编室
网　　址： www.sxskcb.com

经 销 者： 山西出版传媒集团 · 山西人民出版社
承 印 者： 山西万佳印业有限公司

开　　本： 787mm × 1092mm　1/16
印　　张： 9.25
字　　数： 120 千字
版　　次： 2019 年 9 月　第 1 版
印　　次： 2019 年 9 月　第 1 次印刷
书　　号： ISBN 978-7-203-11101-6
定　　价： 35.00 元

目　录

先　秦

汉　朝

魏晋南北朝

唐　朝

宋　朝

明　朝

先秦

项橐：三难孔子为其师

前不久我去了一趟内江资中市，该地有一座文庙，庙里摆放着孔子的牌位和雕像。有一位省部级大员到了庙内，对站着的孔子雕像很惊讶，称平时看到的都是坐着的孔子，而资中的孔子却是站着的。这个疑问或许是一个谜吧。孔子站着应该是要体现他布衣教师的身份吧。所谓师者，传道授业解惑也。每一个人都有自己的疑惑和无知，大圣人孔子也不例外。

今天要给大家谈到的这个人比较特殊。他的特殊之处有几点：一是年龄比较小，成名时仅仅7岁；二是智商比较高，连名扬天下的孔子也要甘拜下风；三是寿命比较短，活了12岁就被人杀掉了。

所谓天妒英才，或许一点也不为过。那么，具有这三大特点的传奇人物项橐生活中到底是什么样子呢？为什么年纪轻轻就能让大名鼎鼎的孔子甘拜下风？接下来，就和笔者一起细细品味这样一位流传千古的传奇人物吧。

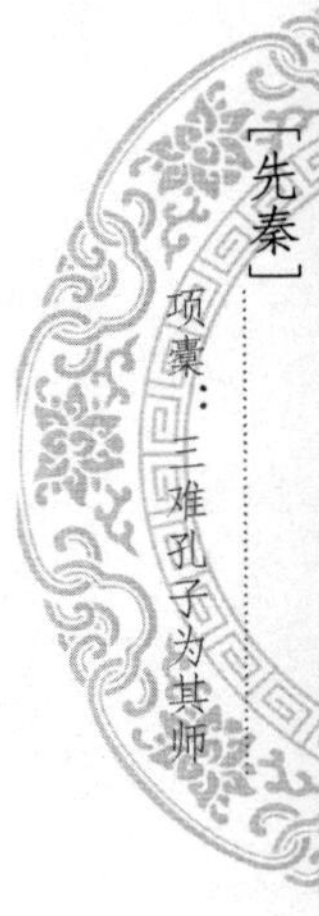

神童诞生于荒野

大凡才子佳人大多出生在繁华闹市，富贵人家，但是项橐比较例外，他诞生在荒山僻野，农村人家。据《汝南项氏宗谱》介绍：“项橐，字仲廉，鲁人，生周敬王丁未三月十八日。世居曲阜县奄宅里鲁城洙泗泽。”翻译成现代文的意思就是，项橐这个人名字叫仲廉，春秋时鲁国人，出生在周敬王丁未年（前494年）三月十八日。

他所居住的曲阜县奄宅里鲁城洙泗泽，就是现在的山东省曲阜市境内的一个偏僻的村子。也就是说，他和孔子是老乡。

史料记载，项橐的父母是典型的农民，靠种庄稼和织布艰难过活。虽然日子很辛苦，但是他们和邻里关系处得很好，与世无争，生活平静。后来，项橐的母亲魏氏在村外的幽儿崮挖药材，突然感到腹中坠痛，不一会儿，就生下了一个男孩。“哇——”一声，响彻山谷，一代天才也就这样毫无征兆地诞生在荒野中。令人惊奇的是，项橐出生后，他的脐带却很坚硬，魏氏用挖药材的柴刀居然都不能砍断。眼见项橐痛得哇哇大叫，魏氏无奈只能用茅草劙进行尝试，没想到居然很顺利地一劙两断了。砍掉脐带后，魏氏抱着孩子回到了村里，丈夫看到自己刚刚出生的儿子，快乐得手舞足蹈，他将小项橐抱到怀里亲了又亲，看了又看，好不喜欢。见小孩天格方圆，地格饱满，像个小橐（口袋），项父脱口便给他取名叫项橐。

无师自达显天才特质

小项橐出生之后，就显示出与常人不一样的聪明特质。他自小喜欢观察事物，爱“打破砂锅问到底”，提出的问题也常常令大人咋舌。有几个例子可以看出项橐的绝顶聪明。

有一个夏天，项橐见天空电闪雷鸣，瓢泼大雨随之而降，就问父亲：“老汉，天为啥子要打雷呢？”父亲说：“天老爷要打雷，是为了轰劈坏人和妖怪。”项橐反问：“那坏人和妖怪难道只有夏天有，冬天就没有了吗？”听了这话，他的父亲张口结舌，一时也说不出个所以然来。

一次，项橐正在门口玩，忽然看到家里的鸡群咯咯乱叫东躲西藏，很是奇怪。这时，他又抬头一看，天空中一只老鹰正俯冲下来，正准备抓带小鸡觅食的老母鸡。项橐急中生智，立即跑过前去，用左手拢住老母鸡，右手扳倒一棵蜡树条，昂头看着俯冲下来的老鹰，突然他右手一松，只听扑哧一声，俯冲下来的老鹰就结结实实地挨了一蜡条，打了几个翻滚，尖叫了几声，又倒倒歪歪地返回蓝天去了。小项橐就这样利用自己的聪明，有惊无险地救下了家里的老母鸡。

还有一次，一位官差由于对项橐的聪明有所耳闻，便想亲自见识一番，于是骑马到了项橐家里准备考考他。项橐的父母见是官差，立即找来草料帮其喂马，随后又热情地问差爷想吃什么。官差想了想，心满意足地说："米面饭都行，但要20样菜。"

20样菜，这不是为难家里一向比较贫困的项橐父母么！魏氏愁眉苦脸，不知道该怎么办才好。这时刚好从外游玩的项橐回来了，他见母亲一筹莫展的样子，便问到底是怎么回事。当魏氏把事情的经过说了一遍之后，小项橐略加思索，就信心十足地说："妈，这事简单。你照我说的做就行。你去烙个大饼，用大蒜和酱拌生、熟两盘韭菜给官差。"魏氏不解，项橐便细细解释："生韭熟韭，二韭（九）一十八，再加上蒜和酱，正好20样嘛。"母亲听后虽心里不踏实，但也只好照办了。等到饭菜上桌时，官差惊得目瞪口呆，对项橐的聪明才智佩服得五体投地。

难倒孔子当圣人师

以上的例子仅仅是小儿科，真正令项橐成名的还是"三难孔子"，这也成为"圣人之师"的传奇典故。

据史料记载，有一天，孔子与弟子计议东游，他们风尘仆仆来到今碑廓镇地境，见山川秀丽，孔子于是尽兴观赏。正当与弟子们纵兴谈笑、策马东行时，见前边大道上几个戏耍的顽童躲于路边，唯有一个顽童立于路中不动。此童正是项橐。

子路见状后，停车呵斥，此童还是不动。孔子在车上探身问道：“无知顽童，你挡在路中间干啥？”项橐见老者出言不逊，心生不快，决计要戏弄一下这些人，便说：“城池在此，你们这些车马哪能过去？”孔子道：“城在何处？”“没见到就在我脚下么。”孔子见这孩童不卑不亢，气质非凡，便屈尊下车观看，果见小儿立于石子摆成的“城”中，孔子笑道：“这城有什么用嘛？”“御车马军兵。”“小儿戏言，车马从此过，又待如何？”“城固门关，你怎么能过？”孔子上下打量孩童，思忖道：这地方的人果真聪慧，连小儿都如此伶俐，只不过有些恃才傲慢，待吾详察。

于是，孔子接着又问：“那又怎样呢？”

“只有车马躲城，哪里有城躲车马？”项橐回答。

孔子无言以对，遂绕“城”而过。孔子与弟子受此戏弄，怏怏不快。见路边一农夫锄地，子路便蓄意戏问道：“农家做什么呢？”农夫答道：“正在锄地。”“看你忙忙碌碌，不知手中之物日抬几度？”见农夫答不出，师徒正欲窃喜，项橐从后赶来答道：“我父年年锄地，自知手中之物日抬几度，先生行必乘车马，想必知马蹄日抬几度？”子路哑然。孔子见小儿聪颖机敏，列国少见，非神童莫属，便下车细察。“观你孩童才智过人，今你我各出一题，互为应对，胜者为师，如何？”项橐道：“不可戏我。”“童叟无欺。”孔子接着说，“人生在世，皆托日月星辰之光，地生五谷，方养众多生灵，且问小儿，天有多少星辰，地上多少五谷？”项橐答道：“天高不可丈量，地广不能尺度，一天一夜星辰，一年一茬五谷。”稍一顿，项橐问，“人之体比地小，目之眉比天低，二眉生于目上，天天可见，人人皆知，夫子可知二眉有多少根？”孔子无对，依适才君子之约，正要问如何拜师，项橐已纵身跳入旁边水塘中，孔子不知何故，项橐浮出水面道：“沐浴后方可行礼，夫子也来沐浴。”孔子道：“吾不曾学游，恐沉而不浮。”项橐道：“不然，鸭子不曾学游，反而浮而无沉。”“鸭有离水之毛故而不沉。”“葫芦无离水之毛，也浮而不沉。”“葫芦圆而且内空，故而不沉。”“钟圆且内空，何又沉而不浮？”孔子面赤语塞。项橐沐浴毕，孔子设案行礼，拜项橐为师，打道回曲阜，从此不再东游。

大家看了这段故事，对项橐的天才智慧彻底佩服了吧。连聪明绝顶的大圣人孔子也有被项橐难倒的时候，而当时的项橐年仅7岁，真是天下罕见。但是，这样的天才却没有能够善终，真是令人遗憾和悲伤。

盛名之下哪只是灾难

自孔子拜项橐为师后，这消息很快就传遍鲁、吴、齐等国，项橐成为天下知名的人物。当时，各国都想拉拢人才，为自己服务，当知道有项橐这样一个人，便纷纷派使者前来邀请。特别是齐国，担心项橐被孔子所用，为鲁国效命，更怕鲁国有了能人，揭田氏篡权的老底，后果将不堪设想，就采取了先礼后兵的两面手法，妄图拉项橐为齐国政权效劳。

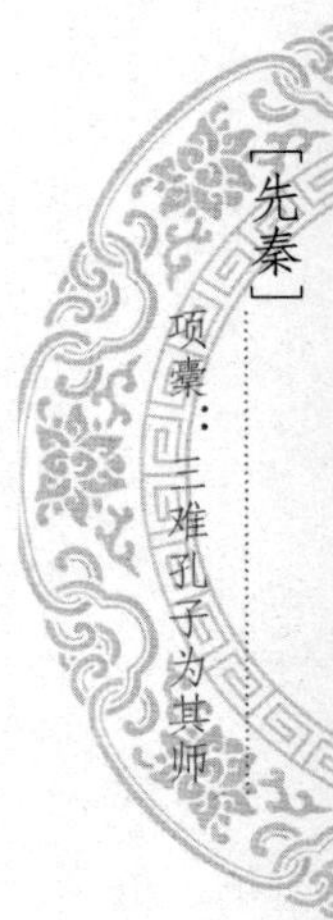

项橐12岁的那年，齐国派了一个武将带着丰厚的礼物前来邀请项橐。项橐父母没见到这么大的官，当时很紧张，立即就扑通跪倒，连连磕头说：“不知军爷到俺家有何事？”

武将便说明来意，希望项橐到齐国为官，享荣华富贵。项橐听后严词拒绝：“回去告诉你们的国君，项橐是莒国人，根在莒国，莒国虽亡但土犹在，无土之根则朽，项橐岂能离土！”武将一听，便知不是同路人，立即将该消息回奏给了齐君。

“不愿意为我所用，其他国也别想用，项橐你就等死吧。”齐君很气愤，决定杀死项橐以绝后患。过了一段时间，这位武将带着齐君的秘密指令，率领一干人马到了曲阜，想一刀结果了项橐性命。但是，他们用刀砍杀项橐，杀了几次却杀不死。大家很纳闷，不知是何缘故。武将便逮着项母问当时项橐的脐带是如何割断，项母被吓怕了，哭着说：“刀枪不入，就怕茅草劙。”于是武将派人找来茅草，将项橐头劙下来，很快就将尸体大卸了八块，随后扬长而去。就这样，聪颖正直的项橐，为了自己的名节，誓与国家同在，在诸侯争霸战中被齐国所害，年仅12岁。

项橐死后，乡亲们对他很是怀念，更对他的忠国精神所感动，便常常烧香祷告，还建了座小儿神庙，塑上小儿像，山从此叫小儿山。随着时间的推移，小儿神演变成了圣公，又加上了老爷；像也成了白胡子老者，小儿山也变成了圣公山。

项橐故事被史官美赞

项橐的天才智慧以及忠君报国的精神一直被后世盛传，不少史官和学者对项橐十分美赞，关于他的正面形象也出现在多种史料中，千古不绝，流传至今。

大史学家司马迁就在《史记·樗里子甘茂列传》中通过甘罗的口吻写道：“大项橐生七岁为孔子师。今臣生十二岁于兹矣，君其试臣，何遽叱乎？” 而唐朝的大诗人吴筠也在《高士咏·项橐》中赞美道：“太项冥虚极，微远不可究。禀量合太初，返形寄童幼。孔父惭至理，颜生赖真授。泛然同万流，无迹世莫觏。”

东汉大文学家王充也在《论衡·实知》中对项橐进行了盛赞，

他提道："夫项橐年七岁教孔子。案七岁未入小学而教孔子，性自知也。孔子曰：'生而知之，上也。学而知之，其次也。'夫言生而知之，不言学问，谓若项橐之类也……夫无所师友，明达六艺，本不学书，得文能读，此圣人也。不学自能，无师自达，非神如何？"大意就是盛赞项橐绝非圣人能比，圣人需要向老师同学相互学习，而项橐不学自能，无师自达，这是神仙才能做到的事。

像这样点评盛赞项橐的典籍还有许多许多，他的传奇故事也像一颗颗明星闪耀在历史的长河中，光照千秋。但笔者感到很悲伤，虽然项橐因为自己的天才智慧名垂于世，但他从未真正经历过甜美的生活，享受过灿烂的人生，这难道不是天才的悲哀所在吗？

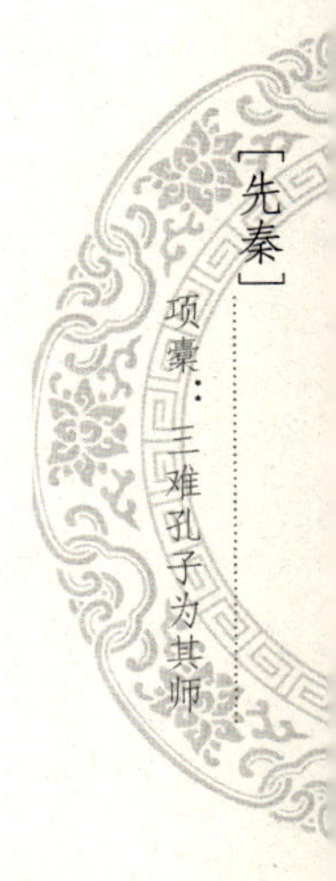

鬼谷子：中国所有教育者的导师

韩愈在《师说》中强调，“古之学者必有师，师者，所以传道授业解惑也”。作为教师，传道授业、培养学生是他们最神圣的职责。但据新闻报道，当前的一些教授，传道授业解惑似乎成了他们的业余生活，而精心钻营骗取经费却成为其主业，这的确令人费解。如果非要给当前的教育者找一位老师的话，那么鬼谷子先生则是他们最应该学习的榜样。鼎鼎大名的纵横家苏秦、张仪，叱咤风云的军事天才孙膑、庞涓，均是鬼谷子的得意门生。为人师者，不仅自己通彻天地，更能培养出经天纬地之才，的确令人由衷敬佩，更令一些不务正业的教育者脸红和汗颜。

身世是一个解不开的谜

从历史竹简上看，有关鬼谷子的学术地位和分量的记载在史学届并没有多少争议。但是，鬼谷子的身世一直是一个解不开的谜团。有人说鬼谷子姓王，名诩，是春秋战国时期卫国朝歌（今河南省鹤壁市淇县）人，曾担任过楚国的丞相。也有人说，鬼谷子又名王利，号微子启，是战国时期魏国邺（河北省邯郸市临漳县）人，甚至还有人说鬼谷子是一个虚构的人物。唐代有一位作家司马贞就写了一本书名叫《史记索隐》，称“苏秦欲神秘其道，故假名鬼谷”，大意就是苏秦想把自己伪装得很神秘，就为自己编造了一个鬼谷子的老师，目的是将自己神化。这个司马贞的作家看来是个三流文人，将

《史记》中的一些蛛丝马迹用来作为研究学说，不免过于牵强，也有些哗众取宠。当然，《史记》的作者司马迁自己本人却不是这么认为的，他在《史记·张仪列传》中写道：“张仪者，魏人也。始尝与苏秦俱事鬼谷先生，学术。苏秦自以不及张仪。”因为《史记》是一部正史，且著述年代离鬼谷子、苏秦、张仪所处的年代最近，可信性应该比司马贞的更强，再加上司马贞又是根据《史记》中的一些细节进行的无端猜测，就更值得斟酌了。总之，可以确定的是，鬼谷子确有其人，生活在春秋战国时期，是当时道家、纵横家的开山鼻祖，由于他常入山采药修道，又隐居卫国鬼谷，故自称鬼谷先生。不少史料描述，鬼谷子先生通天彻地，人不能及。那么鬼谷子都懂哪些学问呢？我们且看一看。“一曰数学，日星象纬，在其掌中，占往察来，言无不验；二曰兵学，六韬三略，变化无穷，布阵行兵，鬼神不测；三曰言学，广记多闻，明理审势，出词吐辩，万口莫当；四曰出世，修身养性，祛病延年，服食异引，平地飞升。”翻译成现代的语言就是，鬼谷子是一位数学家，类似华罗庚、陈景润之流；鬼谷子是一位军事家，类似孙武、诸葛亮；鬼谷子是一位外交家，纵横捭阖于列国之间；鬼谷子还是一位养生学者，要想长寿，还得找他。这样一位神通广大、才华横溢的人物，又怎不让人感觉几多神秘呢？

通天彻地的奇才连老师也神秘

笔者翻阅众多史学资料，却依旧没有找到鬼谷子先生的老师是谁。这或许就是鬼谷子先生的另一张脸吧。他这个人，虽然写了一本至今仍被世人崇拜的旷世奇书《鬼谷子》，但唯独没有交代清楚自己的身世，自己的老师是谁，苦让后世的学者为其探索调查，真如

鬼谷一样幽深神秘，真是累煞人也。这种情况，估计也只有古代才会出现。要是当前，再神秘的人，也经不住互联网的“人肉搜索”。

既然没有可靠的史学材料，介绍鬼谷子先生的师傅是谁，那么我们暂且用一些传言作为参考和品读吧。有传言认为，鬼谷子先生的师傅是大名鼎鼎的老子李耳，道家的鼻祖。原因是老子和鬼谷子生活在同一时期，两人都是文坛大咖，又是国家公务员，一个是宰相，一个是国家图书馆馆长，理所当然就会有接触，再加上他们的思想有相同性：比如老子和鬼谷子都强调不入世的观点，老子选择辞职远去，而鬼谷子则选择隐居鬼谷，都不愿意久居世俗生活。这一定程度上体现了他们相同的“无为”思想。但是，鬼谷子又有他不同的地方，老子认为在遇到事情时，应该顺其自然，随遇而安，不可强求。而鬼谷子则喜欢洞察人的弱点，希望通过“主动作为”去说动别人，从而改变事情的走向，最终获得成功。因此，两人在思想上有继承相通的关系，但是又有较大的差异。

另外，还有学者认为，鬼谷子的才华乃天成，就像张良那样是偶然得到天书所致。相传，鬼谷子得一卷竹简，简上写有“天书”二字。但是，书中却无一字，一片空白。鬼谷子心里别提有多纳闷了，本以为得到宝贝，却无法看到上面的文字，天书难道就是一个废物么？他的心情十分沮丧，常常夜不能寐，望月而叹。这样过了很久，突然有一天夜里，鬼谷子睡不着，便起来散步，这时他看到月光下，天书闪闪发光，感到十分惊奇，便走近看个究竟。原来，天书上竟然显露出行行似蝌蚪文的字来，闪着金光，鬼谷子这时叹道：“真是天助我也，世传‘金书’终于显灵了。”一时兴致倍增，他坐了下来，捧着天书一口气读到了第二天早上，这时太阳已经日上三竿了。鬼谷子智商奇高，过目不忘，短短一晚上就能从头至尾将天书背诵。这一点一般的俗人可能学习不了，也借鉴不了。别说是天书，就是一本儿歌，让我们普通老百姓一夜之间背诵，谈何容易呢。所以说，机遇是留给有准备的人。天书，也不过是留给天才罢了。

这就是鬼谷子才学的渊源，“天书”则是他的老师。从此，鬼谷子有了经天纬地之才，成为春秋时鼎鼎有名的大咖。

平生最得意的弟子当属苏秦、张仪

学得一身本事的鬼谷子最开始并没有当隐士，而是选择了入世做官。那么他做的什么官呢，级别如何呢？据相关史料零星记载，鬼谷子曾当过楚国的宰相。这个位置，可是一人之下，万人之上，官中极品了。但是，鬼谷子的本意并不在此。后来，他索性辞官远去，回到了卫国的一个名叫鬼谷的小山沟，在那里收徒教学，传播学问。在他的众多弟子中，最优秀的莫过于名闻天下的纵横家苏秦和张仪。这一点都避免不了自古的一个惯例，名师总会有高徒的。正如福楼拜有他的学生莫泊桑，施耐庵有他的学生罗贯中，鲁迅有他的学生萧红和萧军，等等，不胜枚举。

苏秦、张仪是战国时最为耀眼的两颗政治明星，同时又是最为出色的两大外交家。苏秦配着六国相印到处游说，联合他们共抗强秦。这个职位相当于古代诸侯国联合秘书长。这的确有一些传奇，一人同时担任六个国家的宰相，在世界史上恐怕再也找不出第二个。所以，苏秦当时在战国时期，那是相当牛的一个大咖。而鬼谷子的另一个高徒张仪，则凭借着高超的智谋和辩术，迅速成为秦国的宰相，他精心瓦解了苏秦生前所创的六国合纵，为秦国统一天下立了赫赫大功。特别是笔者所居住的四川，还和张仪有着千丝万缕的关系。当时张仪一手策划了联巴灭蜀，蜀国一灭，他又翻脸不认人，

顺道把盟友巴国也灭了。巴蜀被灭之后，朝廷在两地分别设郡。秦统一后设立了36个郡，郡的幅员范围与现在的省相差不大。

苏秦和张仪，他们所采取的策略完全不同，可以说正好相反。苏秦采用的是合纵，类似狮子捕猎讲究群体战术，去拉拢另外的狮子一起群攻大象。这一点，与动物界的王道大致相同。《人与自然》中就谈到，鬣狗、狮子、狼等，要想成为王，必须得有自己的盟友，有了盟友之后就有了挑战王的资本，于是就开始为夺权做准备了，这样就是合众。而张仪采用的则是连横。大象本来就很厉害，他却采取挑拨离间、恩威并重的手段，竟拉拢一些狮子做内奸，让狮群内斗，最终大象渔翁得利；时机成熟时，大象还亲自出马，和狮子共同攻击另外的狮子，从而取得战略成功。从这一点可以看出，鬼谷子这个人教书高明，手法灵活先进，不像当前有些教授指导学生，全都一个模子，就像厂家生产商品一样，都是一个型号、一个规格，没有因材施教，也没有对学生进行个性化教育。苏秦、张仪的成功让鬼谷子成为神人。培养出两个学生，就能将战国后期各诸侯及天下形势掌握于股掌之中，掀起巨浪滔天，实在令人叹服。大史学家司马迁就曾高度评价鬼谷子的学生苏秦、张仪二人："此两人真倾危之士!"

用相学测算孙膑、庞涓的命运

除了苏秦、张仪是鬼谷子的学生外，有一些史料或文学著作还提到军事家孙膑、庞涓也是鬼谷子的学生。孙膑、庞涓的故事，大家已经很熟悉了，无论是电视剧，还是历史小说，均有过详细介绍。笔者只想给大家分享一段故事，以作证鬼谷子不仅能教纵横学、军事学，还特别擅长相学。

在民间，有许多乡村命理先生，将鬼谷子尊称为自己的祖师爷。在他们的叙述中，鬼谷子早年在街上算卦，前来找他问鬼神的百姓次次都被他算中。由此，鬼谷子能看相算命的名声迅速远播，成为神人大仙。后来，鬼谷子开始传授学问，学生中除了苏秦张、仪外，还有孙膑、庞涓。

当时，孙膑、庞涓向鬼谷子学习的是军事。经过鬼谷子数年的精心教导，孙膑、庞涓的学问大有长进。其中，感觉自己已经才富五车的庞涓，更是想尽早离开师父鬼谷子出去闯荡江湖，建功立业，追求荣华富贵。

鬼谷子对庞涓的心思早已猜透，却没有明说。有一天，庞涓下山打水时，听说魏国正用重金访贤聘能，他心里别是一番滋味，想到自己学问超群，该建立功业了，按捺不住的他激动地赶回谷中找到师父鬼谷子，准备辞行。见面后，庞涓怕先生不让他走，说话吞吞吐吐，竟没说出个头绪。鬼谷子心里明镜似的，他笑着对庞涓说："我夜观天象，发现你的时运来了，何不下山谋求富贵?"

庞涓一听，觉得师傅真是自己肚里的蛔虫，说到他心坎上了，忙跪下致谢说："谢谢师父，弟子正有此意，但不知我这次下山后能否成功呢?"

鬼谷子看了看庞涓，顿了顿说："你去山中摘一朵花来，我给你占一卦!"

于是庞涓屁颠屁颠地跑到山中摘花，可六月的天，花期早过了。他找了许久，也没找到靓丽的花朵，无奈之下，便准备将一支草花带回。于是，庞涓蹲下身子，使劲将草花连根拔起，然后小跑着回去拜见鬼谷子，伤心地说："师傅，六月的天，山里没有花呢。"

鬼谷子问："你袖子里是什么?"

庞涓只好将草花拿出："此乃草花，花卑位贱。"

“同样为花，何言贵贱?”鬼谷子说，“你知道这花的名字吗？它叫马兜铃。一开就是十二朵，正好是你发迹的年数。采于鬼谷，见日而枯萎，你成功的地方，应该是魏国。但你会欺骗他人，也会因为欺骗他人而被他人欺骗。所以一定不可欺骗他人，否则，后果难以预料。我给你八个字，一定要记住。”

“烦请师傅赐教!”

“遇羊而荣，遇马而瘁。”

“先生的教诲，弟子定当铭之肺腑。”

这时，恰巧孙膑也在身旁，庞涓噙着泪对孙膑说：“我与孙兄有八拜之交，情同手足，这次下山，如果我能发迹，一定推荐师兄，一定与您共建大业。”

“此话当真?”

“我若失信，当死于乱箭之下!”

后来的事，大家都已经知道了。庞涓在魏国建立了不朽功勋，当了大将军。他的师兄孙膑去投靠他，反而被庞涓所害砍掉了双脚。后来，孙膑在齐国使者的帮助下逃到齐国，助齐国争霸天下，也报了自己的血海深仇，在马陵道乱箭射死了庞涓。同时也印证了鬼谷子当年的预言。

这个故事，其实我是不信的。这可能是一些相学大师为了找到自己的学问出处，拉虎皮做大衣，便把孙膑、庞涓的命运，借鬼谷子之口说出来，以增加其神秘性，从而为命理学找到其合理性和合法性。因此，各位读者仅可当传言故事一笑了之，更不必深信。

《鬼谷子》一书将其捧上神坛

《左传》中，春秋鲁国大夫叔孙豹提到，“立德”“立功”“立言”

为人生“三不朽”。这一句话激励了许多人，也成就了不少英雄才子。那么以这个标准来评判鬼谷子，很显然他幸运地占了三分之二。“立功”，鬼谷子当过楚国宰相，做官做到了最高级。“立言”上，鬼谷子更是千古绝伦，笑傲群英。学术著作《鬼谷子》为他带来了无尽的名声。当然，美中不足的是鬼谷子没有去扶老奶奶奶过马路，没有拾金不昧，更没有大公无私、死而后已。人生哪有那么完美的事呢？能有其二已经很圆满了。

《鬼谷子》一书，历来被人们称为“智慧禁果，旷世奇书”，它在中国传统文化中颇具特色，是乱世之学说，乱世之哲学。它的哲学是实用主义的道德论和侩同，讲求名利与进取，是一种讲求行动的实践哲学，其方法论是顺应时势，知权善变。《孙子兵法》侧重于总体战略，而《鬼谷子》则专于具体技巧，两者相辅相成。这一本书有点类似于后来民国学者李宗吾写的《厚黑学》，但其手法和技术又比李宗吾更高明、更全面。李宗吾是完全撕下了面纱，真刀实枪地和人家大干，毫不避讳自己全裸的状态。而《鬼谷子》虽然也讲究实用，讲究不择手段，但鬼谷子在解说这些战略时，更注重一种格，一种智慧。这是与《厚黑学》的显著不同。

南朝文学理论家刘勰在《文心雕龙·诸子》就给予其高度评价：“鬼谷渺渺，每环奥义。情辨以泽，文子擅其能。”翻译成现代文的意思就是，《鬼谷子》说理玄远，常阐述奥妙的意见；感情明显而丰富，是《文子》所独具的优点。

南宋学者高似孙在所著的《鬼谷子略》中也盛赞道：“《鬼谷子》书，其智谋，其术数，其变谲，其辞谈，盖出于战国诸人之表。夫一辟一阖，《易》之神也；一翕一张，老氏之几也。鬼谷之术，往往有得于阖辟翕张之外，神而明之，益至于自放溃裂而不可御。予尝观诸《阴符》矣，穷天之用，贼人之私，而阴谋诡秘，有金匮韬

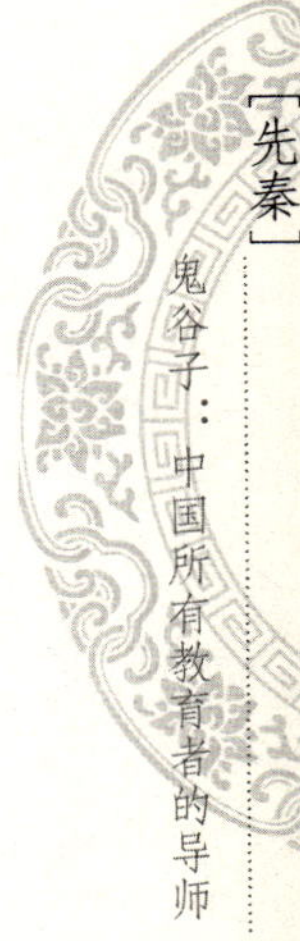

略所不可该者。而鬼谷尽用而泄之，其亦一代之雄乎！”在评价中，高似孙认为鬼谷子在书中主要集中表现了智谋权术、变谲辞谈，这大大超出了易、老的阖辟翕张，神明自如，其阴谋诡秘更是兵家秘籍所不及，鬼谷子将各种学说、谋略潇洒尽用，不愧为一代伟才，更是谋略枭雄。

其实，笔者并不完全认可上述两位学者的观点，个人认为《鬼谷子》这本谋略学巨著，是中国传统文化中的奇葩。它集中涉猎了国人的心理揣摩、演说技巧、政治谋略、兵家布阵、经商致富等领域，可以作为一本百科全书进行参考。但是，从操作层面来说，它也有缺点，由于《鬼谷子》过分讲究诡计和谋略，而不推崇仁义，会使人心更为奸恶，导致社会没有道德可言。从这个角度，我又与柳宗元的观点一致，他认为：“《鬼谷子》后出，而险盭峭薄。恐其妄言乱世，难信，学者宜其不道……”《鬼谷子》乖戾刻薄，恐妄言会乱世，学者不宜传说。因此，《鬼谷子》虽是一部奇书，但笔者觉得他更适合于乱世，不应推广于和平年代。即使在盛世中使用，也只局限于外交和经商。

不过，至于《鬼谷子》到底该如何应用，均是读者自己个人的事，说到底都与别人无关。但是无论怎样，鬼谷子先生的传奇故事，却被灿烂地流传下来，被一代又一代人深刻铭记。据了解，2015年9月21日，河南省人民政府对外公布73个“非遗”项目，其中“鬼谷子传说”“嵩山内养功法”等就赫然在列，鬼谷子文化也受到了政府的高度重视，至于他在教学授徒方面的独到之处，更是被后世的教育者所推崇和膜拜。

甘罗：宰相之才不在年少

提到宰相，大多数人都会认为其必定是德高望重、权贵天下的人物，他们一般都过了不惑之年，但在历史长河中有这么一位典型的少年宰相，任上卿之职时仅仅才12岁。那么，他到底是谁呢？为何如此年少却身居高位，他又立下了什么样的功劳能让他享有绝上荣耀？

自古富贵本有种

接下来，笔者给大家介绍的人名字叫甘罗。这个人可不得了，在司马迁《史记》中通过吕不韦的口就美赞道："昔甘茂之孙甘罗，年少耳，然名家之子孙，诸侯皆闻之。"这里提到了两条重要的信息，一条是"诸侯皆闻之"，也就是说甘罗很出名，当时天下皆知，特别是诸侯权贵更对他十分熟悉；另一条是"甘茂之孙"，这一条就显得更为重要了，他交代了甘罗的身世，人家是宰相甘茂的孙子。所谓王侯将相，宁有种乎？其实，有的还真没逃出这个定律。富贵皆有种，从甘罗处或许可以得到佐证。

接下来，我们来谈谈甘罗的爷爷甘茂。一谈到爷爷，杜甫的爷爷是杜审言，大唐"文章四友"，文学界一等一的大咖。儒学家子思，他爷爷更不得了，是我们广为传颂的孔子老先生。而据史料记载，甘罗的爷爷甘茂呢，他是下蔡（今安徽省颍上县甘罗乡）人。他曾侍奉下蔡的史举先生，跟他学习诸子百家的学说。后来通过张

仪、樗里子的引荐，甘茂得到拜见秦惠王的机会。秦惠王接见后，很喜欢甘茂，就派他带兵，去帮助魏章夺取汉中的地区。秦惠王死后，秦武王即位。当时张仪、魏章已离开秦国，跑到东边的魏国。不久，秦公子蜀侯辉和他的辅相陈壮谋反，秦武王就指派甘茂前去平定蜀地。返回秦国后，秦武王便任命甘茂为左丞相，任命樗里子为右丞相。而甘罗就是丞相甘茂的孙子，这么算来，甘罗的DNA是相当好的，俗话说“富贵有种”当有一定道理。

天才年少秀“舌功”

甘罗大概出生于公元前256年。他的宰相爷爷甘茂去世时，甘罗才12岁，正侍奉秦国相国、文信侯吕不韦　，担任少庶子之职。吕不韦就不用介绍了，大名鼎鼎的人物。做买卖做到了宰相，一等一的魄力和智商。那么，少庶子是个什么官职呢？大概意思就是幕僚家臣的意思。我们课本中学到的“毛遂自荐”，其实毛遂就是家臣。在春秋战国，许多大人物都会养一些家臣出谋划策，吕不韦更不例外，当时家臣数千。而甘罗则是吕不韦家里最年轻的一位家臣。

在吕不韦家里当幕僚，甘罗最先并没有机会接触秦王，直到后来的一件事，让甘罗名扬天下。当时，吕不韦想攻打赵国以扩张河间封地，于是派蔡泽到燕国作大臣。蔡泽经过3年努力，使得燕国国君燕王喜派太子丹到秦国作人质。吕不韦准备派张唐到燕国作相国，以联合燕国攻打赵国。张唐却推辞说：“我曾替秦昭襄王攻打过赵国，因此赵国很怨恨我，曾扬言‘谁要逮住张唐，就赏他百里方圆的土地’。现在，您让我前往燕国必定要经过赵国，这不是让我去送死吗？这事我是不会干的。”

听到张唐的拒绝后，吕不韦很生气，但也很无奈。他一时也没有想到办法强迫张唐。作为幕僚的甘罗这时才12岁，当看到吕不韦闷闷不乐的样子，便自告奋勇地说：“丞相，我有办法让张唐前去。”

吕不韦看到一个乳臭未干的小屁孩居然说大话，有些生气，大声呵斥道：“小子不得狂言，我亲自出马，张唐尚且无动于衷，你一个小孩儿还能有什么办法！”

甘罗胸有成竹地辩解说：“丞相不能小看人呢。古时项橐7岁就做孔子的老师。如今我已12岁，难道就不能建立一番功业吗？”

吕不韦一听，觉得这小孩有些见识，便单独考验了一下甘罗的才华，然后才抱着“死马当活马医”的态度，让甘罗去试一试。

接下来，甘罗穿戴得十分整齐，乘车去拜见张唐，他开门见山地说：“您的功劳与武安君白起相比，谁的更大？”张唐回答说：“白起在南面挫败强大的楚国，北面施威震慑燕、赵两国，战则胜，攻必克，夺城取邑，不计其数，我的功劳哪里能和他相比。”甘罗又问：“当年执掌秦政的应侯范雎与吕不韦相比，谁的权势更大？”张唐说：“范雎不如吕不韦的权力大。”甘罗接着说：“当年范雎想攻打赵国，可白起阻拦他，结果范雎在离咸阳七里处绞死白起。现在吕不韦亲自请您前往燕国任相，而您执意不肯，我真为你担心，不知您将身死何地啊！”张唐吓出一身冷汗，拜礼道：“谢谢您的教诲，我准备立即前往燕国！”于是，张唐便立即吩咐手下，准备车马盘缠，择日起程。

成功劝说张唐去燕国后，吕不韦对甘罗的才华充分认可，大为盛赞，并决定以后好好重用甘罗，为自己效力。

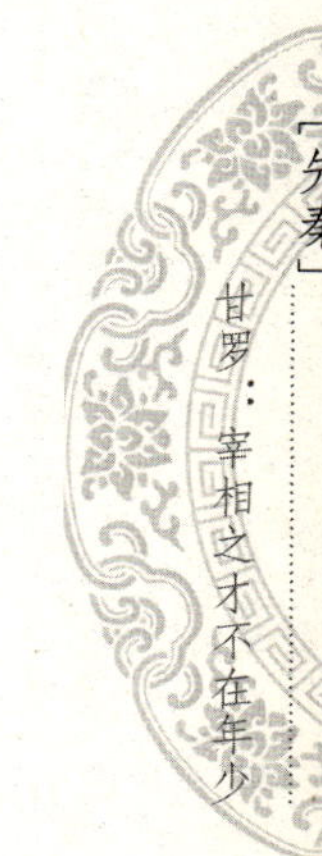

主动请缨到赵国

劝说张唐去燕国并没有结束，甘罗接下来还干了一件大事。他居然主动请缨吕不韦，要求派遣他先去赵国替张唐打通关节，扫除障碍。

吕不韦听了后，觉得这小子更神奇了，居然还要代表特使前去商谈国家大事。但前面已经领教过甘罗的才华，他心中有了颇多信任，便进宫把甘罗的请求报告给了秦始皇。吕不韦对嬴政介绍道："大王，我向您推荐一个人才，他是前丞相甘茂的孙子名叫甘罗，现在年纪很小，但是名声已经很大了，诸侯都知道他。最近张唐打算推病不去燕国，小小年纪的甘罗居然说服了他。现在甘罗愿意先到赵国为张唐清除障碍，请大王答应派他去。"秦始皇听了后，很感兴趣，便亲自召见甘罗，当与甘罗交谈后，发现果真是一个奇才，便有意提拔甘罗。于是嬴政很爽快地答应了甘罗去赵国的请求，派了5辆马车给他。

年仅十二岁为丞相

于是，甘罗担任秦国的大使出使赵国。赵国国君赵悼襄王得知这消息后，便亲自到郊外迎接甘罗。两人相见，甘罗便问赵悼襄王："赵王，您听说过燕太子丹到秦国作人质的事吗?"

赵悼襄王回答说："有所耳闻。"甘罗接着问："您听说张唐要到燕国任相吗?"赵悼襄王回答说："也有所耳闻。"甘罗接着不慌不忙地分析说："燕太子丹到秦国来，说明燕国不敢背叛秦国。张唐到燕国任相，说明秦国不会欺辱燕国。燕秦两国互不相欺，没有别的原因，就是想攻打赵国，来扩大在河间一带的领地。大王不如先送我5座城邑，来扩大秦国在河间的领地，我请求秦王送回燕太子丹，再帮助强大的赵国攻打弱小的燕国，到时所取得的土地何止5座?"赵悼襄王听了后，觉得这买卖划算，虽舍小利，但能搞定燕国，获得更多的土地，同时还能交好秦国。于是，他立即划出5座城邑送给了秦国。

不久后，秦国便送回了燕太子丹，赵国这时有了秦国的许诺，便有恃无恐地进攻燕国，夺得上谷30座城邑（一说法是36座城邑），同时也分给了秦国11座城邑。

甘罗回到秦国后，秦始皇对他立下的功劳大为赞赏，亲自封甘罗担任上卿（相当于丞相）之职，并将甘茂原来的田地、房宅赐给甘罗，自此甘罗名扬天下，成为一时美谈。

封建王权酿悲剧

然而，就是这样一个天才型的人物，却没有得到应有的好下场，立下大功受封上卿之后，甘罗就因为一次犯忌被砍头了。

事情大概是这样的。由于甘罗成名后，秦王很喜欢他，常常让甘罗陪自己下棋。有一次，秦王与王后一起对弈，这时甘罗在旁边作陪。这时，一个棋子不小心掉到了地上，甘罗便蹲下身去帮王后拾棋子，这时可能是为了恶作剧，他竟然故意捏了一下王后的脚，以示对她一贯骄横的不满。王后被捏脚后惊悸大叫，觉得自己受了天大的侮辱，一国母后竟然被外人捏脚，这不是奇耻大辱吗？

于是，王后当时就强烈要求秦王斩了甘罗。秦王爱才如命，就对王后解释说："甘罗不是故意的，是不小心才碰着而已，算了。"可甘罗一听，却急忙一字一板地纠正说："我不是不小心，是故意捏她的脚的。"这时的甘罗，情商也够低的，虽然天才横溢，但不能给自己找台阶。秦王给了他台阶，他又不愿意下。正如俗话所说的，"女人的脚，可以看，但不能摸"，何况甘罗不是摸而是捏，且那女人又是高贵无比的王后。秦王无奈，在注重法治的秦国，这事甘罗

不得不依律被斩。可惜，年仅12岁的甘罗就此撒手人寰。这在当前，似乎有些不可思议，捏一下王后的脚就要被砍头，这是不是刑法太重了呢？后来，李白让高力士脱靴、杨贵妃斟酒，不是应该被砍几次了吗？笔者不得不想起秦国短命而亡，或许就是因为刑法太苛太猛了吧。

当然，甘罗的死，还有一种说法，称他是“无疾升天”。明朝大作家冯梦龙在《东周列国志》的第一百零四回就介绍道：“甘罗早达子牙迟，迟早穷通各有时；请看春花与秋菊，时来自发不愆期……忽一夕，甘罗梦紫衣吏持天符来，言：‘奉上帝命，召归天上。’遂无疾而卒。高才不寿，惜哉！太子丹遂留于秦矣。”《东周列国志》毕竟是演义体小说，虽然大多尊重历史，但不免有虚构成分，因此将甘罗的死，托付于鬼神，蒙上一层神秘的色彩，这是封建社会的作家经常采取的特殊手法，并不可信。正如罗贯中写《三国演义》一样，诸葛亮再有才，但也总不至于接近于神。作者的虚构和想象，增加了小说的传奇色彩和可读性。

不过，笔者倒有一个大胆的想法，可能甘罗的死与吕不韦有关。最开始，甘罗就是吕不韦的一个棋子，当时的秦始皇只有15岁，大权应该全被吕不韦掌控。当时，秦始皇派一名小孩出使赵国，可能是为了名震诸侯，显示秦国的强大，为统一六国先在精神上解除各国的武装。吕不韦之所以会做出这惊人之举，并不新鲜。当年，他就把在赵国当人质的“异人”运作成秦国的太子“子楚”，又把自己的歌姬宠妾变成了赵太后。后来，又将秦王嬴政把玩于股掌之中，更何况仅仅12岁的三尺顽童甘罗。甚至，有传言称秦始皇本身就是他的亲生儿子。因此，让甘罗出使赵国，本身就是一个大阴谋。当甘罗外交结束后，为秦国立下赫赫奇功，立即就被秦始皇封为上卿。这时的吕不韦可能有些不舒服了，一个年仅12岁的小孩竟然转眼间就和自己同朝为臣，地位相差无几，的确令他有些尴尬。况且，要是甘罗哪一天将内幕泄露，不仅各国诸侯会感到被秦国愚弄，而且还会被蔡泽集团抓住把柄趁机反击，这就可能大大削弱吕氏集团的力量。为了自己的利益，甘罗的存在也就没有必要了。“卸磨杀驴”“兔死狗烹”，自古就是被阴谋家常用的套路。那么，甘罗的存在完全是一个障碍，就必须让他在世界上消失，只有这样吕不韦的惊天秘密才永远不被人所知。因此，甘罗可能是被吕不韦害死的。因此，甘罗是“成也萧何，败也萧何”。

当然，这仅仅是笔者一厢情愿的猜测。笔者还是建议大家相信司马迁。毕竟，在他的《史记》中没有谈到甘罗是如何死的，这就真实反映了司马迁严谨的史学态度。但是司马迁对甘罗进行了公正的评价：“甘罗年少，然出一奇计，声称后世。虽非笃行之君子，然亦战国之策士也，方秦之疆时，天下尤趋谋诈哉。”司马迁没有正面说秦国反复无常、背信弃义，但在字里行间有谴责之意，可能是批评当时战国整体不讲信义，大环境让一个少年学坏了，最终也被这种环境所害。秦国没有保护好这个难得的少年天才，确实是我们历史的一大遗憾。

韩非子：为法家而生，却因法家而死

在中国历史上，提到法家思想，除了变法成功的商鞅外，就不得不提到另外一个大咖，这个人虽在变革实践上赶不上雷厉风行的商鞅，但在理论的造诣上却将商鞅等法家人物甩出了许多条街。他就是“为法家而生，却因法家而死”的天才公子哥儿韩非子。

他是个“公子哥”，却干作家的活

韩非子出生于公元前280年，韩国都城新郑（今河南省新郑市）人，他的家境很好，祖上既不是平民老百姓，也不是经商大老板。在秦国，平民老百姓要么认认真真耕种干活，要么安心从军去战场拿刀砍头获取爵位。商贾之家就得拉着骡子赶着马儿四海为家做些小本买卖，当然也有做大的最终富可敌国，但毕竟是少数。而韩非子并不出生在这样的寒门家境，因此就没有必要考虑为五斗米的事。富家公子一般情况下要么安逸享乐，出去游山玩水（比如徐霞客），要么在家里为了权位互相争斗（比如隋炀帝、唐太宗），甚至还有闹出人命的。韩非子不像他们这样，他是比较爱学习的那一类型，甚至可以说是学霸。那么，韩非子向谁学习呢，他的老师到底是谁。这个可是有史料佐证的。司马迁的《史记》中就特别作了交代，说韩非子是荀子的学生。

俗话说，名师出高徒。有荀子这样的优秀教师，当然也极有可能会出天才学生，这样的概率是很高的。比如鬼谷子就培养了孙膑、庞涓、苏秦、张仪等天才学子。荀子也不例外，韩非子、李斯就是他的得意高徒。韩非子也不负众望，学习相当刻苦，没过几年就学业有成，顺利出师了。回家之后，他却一点也不安分，竟然还鼓捣起创作来。这个公子哥儿也真是闲得慌，好好的富贵生活不挥霍，竟干起作家的苦命活儿，和人家司马迁等人抢饭碗。幸亏两人没生活在一个朝代，不然可能会大打出手，口吐唾沫，互不服气。正如，李白没有在有生之年遇到苏东坡，王勃没有遇到杜甫一样。一个时代有一个时代明亮的星。

但韩非子确实有那么一手，经过冥思苦想，挑灯夜战，啃笔头、吞墨水，终于“鼓捣”出了一本优秀的跨世纪的法学著作《韩非子》。这书一经面世，就顿时“洛阳纸贵”，在整个咸阳城吸粉无数。

嬴政看后拍案叫绝　要与公子哥“同游”

《韩非子》这本书的主要内容有《孤愤》《五蠹》《说难》《内外储》《说林》等，一共44篇，计10万余言。如果要给他的书写一个评语，我想这样评价：“文章构思精巧，描写大胆，于平实中见奇妙，具有警策世人的艺术效果。同时，善于用大量浅显的寓言故事和丰富的历史知识作为论证资料，说明抽象的道理，形象化地体现他对社会人生的深刻认识。”不过，笔者又似乎觉得上述评论太浅显了，《韩非子》的重要价值远不止笔者所论的那么微弱，因为在韩非的著作中，人家可是提到了改革富强、依法治国、中央集权、君权神授、唯物主义、辩证法等一系列观点，这可是上升到政治与哲学的层面了，因此才有不少学者将其评价为“集法家之大成的旷世奇书”。这一点类似于1000多年后的《君主论》，作者尼可罗·马基亚维利虽然没有看过《韩非子》，但他俩的观点有许多异曲同工之妙，

只不过我们的韩非子更牛、更早、更具有前瞻性。

总之，这是一本好书是毋庸置疑的。当时，韩非子写下这本书后，除了广受大众好评外，就连威仪天下的始皇嬴政也是对其赞赏有加。《史记》载："秦王见《孤愤》《五蠹》之书，曰：'嗟乎，寡人得见此人与之游，死不恨矣！'"这一句话很有意思，始皇说，我要是能同这个作者结伴出游讨论学问，哪怕死了也是值得的。过去与人同游是炫的一段经历。正如李白、高适、杜甫三人同游楚地一样，这段经历成为历史的佳话。一本书影响一个人，特别是影响一国之君，更不一般。从此处可看到，当时秦王对《韩非子》一书的重视和喜欢。

有了要见韩非子的想法后，秦王嬴政立马就开始行动了。为了这个难得的奇才，他立即下令出兵攻打韩国。韩国无奈，只得派遣韩非子出使秦国，商谈外交之事。甘罗出使赵国是主动请缨的，晏子出使楚国是政府安排的，而韩非子出使秦国却是被逼的。这一点特别有意思。弱国无外交，自古如此。

才高八斗被人妒　同学李斯下毒手

于是乎，这位公子哥儿便到了秦国。秦王当然很是喜欢，每天大鱼大肉、好酒好茶招待他，并准备择期重用。最开始，韩非子还是有些不情愿的，有些史料说，韩非子很爱国，不愿意背叛韩国被秦王所用。也有一些史料说韩非子其实自己愿意到秦国，比如冯梦龙的《东周列国志》就说韩非子是在韩国不受重用，才自告奋勇去秦国求职讨口饭吃的。当然，这些并不重要，重要的是韩非子到了秦国，秦王很开心，很激动，准备择机聘用他，但由于韩非子的贵族身份，心里还是有些不放心。这就好比经商的大老板，面对仇家的马仔投奔时，毕竟还是心有芥蒂，得观察观察。正如最近热播的电视剧《破冰行动》，当赵嘉良来到东山市，找塔寨村村主任林耀东合作时，林耀东一万个不放心。万一赵嘉良是警方的线人呢，万一他是他国的卧底呢。总之，秦王虽欣赏韩非子的才华，但依旧对其需要彻底评估一下。

当时的李斯是看在眼里，急在心里。他深知自己的才华比不上韩非子，怕韩非子侍奉秦王后，自己会失宠，于是想方设法阻挡这一切。这一点类似于庞涓害怕魏王宠信孙膑一样，因为嫉妒产生了仇恨。

当时，秦王迟迟下不定主意重用韩非子，很大程度可能就是李斯在里面捣鬼。身为韩国公子，韩非子从内心深处希望既能为秦王卖力，又能使自己的祖国不被消灭（韩非子主张存韩灭赵），这自然与李斯提出首先韩赵魏均灭的主张有冲突，两人的政见相左，又因为私人原因，李斯就向秦王讲了许多韩非子的坏话。大概就是："韩非子是韩王的同族，是贵族身份，大王要消灭各国，韩非子爱韩不爱秦，这是人之常情。如果大王决定不用韩非子，把他放走，这是放虎归山，对我们不利，不如把他杀掉。"秦王觉得有一定道理，在古代君王中，很多都抱有这种流氓观点：我自己不能用，别人也别想用。比如当年，曹操不听劝阻放掉刘备，项羽鸿门宴上放掉刘邦一样，一时仁慈，酿成大错。于是，聪明绝顶的秦王，没有心慈手软，接受了李斯的建议，把韩非子抓了起来，并投进了监狱。

在牢里的韩非子还想活命，便上书给嬴政陈诉，但这时的狱卒们早已被李斯买通了，韩非子的信是根本就到不了秦王手里的。韩非子绝望之下，无奈服毒自杀了，一代天才就这么烟消云散了，年仅47岁。后来秦王后悔了，立即派人去赦免韩非子，但韩非子早已死掉多时，尸体都烂掉了。

人虽化为黄土　思想却永远流传

因为嫉妒韩非子的才能，李斯将其害死在了秦国。但是，李斯并不傻，他知道《韩非子》这本书是个好东西，也知道韩非子的法家思想是治国良药，因此在以后辅佐秦王的过程中，对法家思想他是极力推荐，并进行了充分运用，帮助秦国富国强兵，最终统一了六国。从这一点来说，李斯人品虽有问题，论才华却是一等一的高手。因此，成也人品，败也人品。后来，李斯伙同赵高，篡改始皇遗嘱，将秦二世辅佐成皇帝，搬起石头砸了自己的脚。

不仅是秦国，后世的许多国家也都借鉴了韩非子的理论。因为，在韩非子的著作中提到了许多实用的东西，比如变法图强观点，就是韩非思想中的一大重要内容。他继承了商鞅“治世不一道，便国不法古”的思想传统，提出“不期修古，不法常可”，主张“世异则事异”，“事异则备变”（《五蠹》）。再比如中央集权，韩非子在国家政体方面主张建立统一的中央集权的封建专制国家，并将 “法”“术”“势”三者有机结合，为封建专制服务。再比如“三纲”，虽然儒家孔子提倡“君君、臣臣、父父、子子”和孟子的“父子有亲，君臣有义，夫妇有别”，但都不如韩非讲得明确。《韩非子・忠孝篇》说：“臣事君，子事父，妻事夫，三者顺则天下治，三者逆则天下乱，此天下之常道也。”韩非子把臣、子、妻对君、父、夫的从属关系作了肯定，这就有了“三纲”的基本内容。

关于韩非子的思想精华，不少学者提出了他们自己独到的见解。但笔者个人认为，韩非的思想为何受封建统治者推崇，最核心的原因就是韩非子首次提出了将“重法”“重势”“重术”三者紧密结合的先进思想。法是指健全法制；势指的是君主的权势，要独掌军政大权；术指的是驾驭群臣、掌握政权、推行法令的策略和手段。势主要是察觉、防止犯上作乱，维护君主地位，这对后世影响十分深远。我们伟大的领袖毛泽东主席就佩服以韩非子为代表的法家，他曾说过：“中国古代有作为的政治家，基本都是法家!”

汉朝

贾谊：不问苍生问鬼神

写贾谊这个人，我的心情很复杂，毕竟他是我的家门。我们贾家在历史上出过的伟大文学家并不太多，比如贾谊、贾岛，还有当前我的好朋友陕西贾平凹先生。贾谊无疑是最优秀最具才华的，没有之一。只可惜，贾谊虽有文学天才，命运却不佳，一句“不问苍生问鬼神”就将他的人生永远定格在“怀才不遇，英年早逝”的历史竹简中，空令多少士子英雄叹息。然而，笔者认为贾谊并非是“怀才不遇”，而是“怀才有遇”却不善应对罢了。

年少成名天下知

汉高祖七年（公元前200年），贾谊出生于洛阳，少有才名，师从荀况学生张苍。至于贾谊的父亲是何许人也，笔者翻阅了一些资料，暂时未能查到，不过可以肯定的是，贾谊很小就因为文章写得好在故乡出名了。在古代，能读书习字，家里条件一般都不会差，比如李白、杜甫、王维、苏轼等均如此。

汉高后五年（公元前183年），贾谊18岁不到，因为写了很多牛气的诗文，名声远播，成为一时红火的文坛新星。年轻而又有名声，一般都会得到权贵的青睐，贾谊也是如此。这一年，河南的郡守（相当于省长）吴公将其招致门下，让贾谊做自己的幕僚。在古代，地方官员是可以直接任用中下层官吏的，不像现在还需要参加公务员考试。贾谊在这样的背景下，以18岁的低龄就成为令人羡慕的

"国家公务员"，应该还是"处级干部"。贾谊也不负吴公期望，办事认真刻苦，工作兢兢业业，在他的辅佐下，吴公在治理河南郡上成绩卓著，社会安定，时评天下第一。吴公自然也因为卓越的政绩，得到了上级的好评和重用，很快就擢升为廷尉（相当于大汉朝公安部部长），而贾谊的声名更是响亮起来，甚至被当时的汉文帝所闻知。

不久，汉文帝便亲自接见贾谊，委以博士之职。这一点和李白不一样，李白是通过多人推荐，仅以诗才受到皇帝接见。而贾谊不仅靠文采，还有政治才能。另外，年龄也不一样，李白被召见已经40岁出头了，而当时贾谊才21岁，在西汉所聘博士中年纪最轻。

出任博士期间，每逢皇帝出题让大臣讨论，才华横溢的贾谊每每有精辟见解，应答如流，获得当时同侪的一致赞许，大家对这位年轻才子有了许多喜爱。汉文帝也是非常欣赏，多次破格提拔，一年之内就将贾谊升任为太中大夫（从四品，副部级虚职），这一年他也才22岁，已是奇迹中的奇迹了。蒲松龄60多岁都还没考上举人，副县级也没混上。虽然，文采上蒲松龄和贾谊各有千秋，难分上下，级别上却差距甚远。这就是天才和人才的区别吧。

明知不可为而为之

大凡天才文学家，似乎都有一个毛病，就是一旦让他当上了谏官，他就真会正儿八经地提出很多有见地的建议，哪怕皇帝们不高兴不待见，哪怕冒着杀头的生命危险，哪怕被开除公职，他们也前赴后继。比如，杜甫当了左拾遗，就一天像蚊子一样在唐肃宗面前提意见，多次得罪皇帝。白居易也如此，当了谏官后，连皇帝收礼品或提拔一下心腹，他也得管一管。更有甚者，就是明朝第一文人的杨升庵，更是带领一帮人在朝廷之上给皇帝提建议，不听还不停止，最后惹怒了皇帝，被流放云南，蹉跎一生，这样的代价也太大了。贾谊和他们有着相同的臭脾气，刚给了他一个虚职的副部级职务，他就开始认认真真为汉文帝出谋划策了。据史料记载，汉文帝元年，贾谊自己以儒学与五行学说设计了一整套汉代礼仪制度，主张“改正朔、易服色、制法度、兴礼乐”，以进一步代替秦制，从而实现礼制改革，内容详见《论定制度兴礼乐疏》一文。但是，贾谊或许太天真了，这一年是汉元帝元年，什么是元年，就是当皇帝第一年。文帝自己的屁股都没有坐热，对下面的官员都还没弄利索顺溜，怎么可能立马开始改革得罪权贵呢。在这样的情况下，能进行改革的只有两种人，一种是开国皇帝，一种是政治强人，而汉文帝恰好两样都不是。果不出所料，文帝认为条件还不成熟，并没有采纳贾谊的建议。

上一次的教训还没吸取，又过了一年，贾谊的嘴又痒痒了。公元前178年，他针对当时“背本趋末”（弃农经商）、“淫侈之风，日日以长”的现象，又上《论积贮疏》，提出重农抑商的经济政策，主张发展农业生产，加强粮食贮备，预防饥荒，增强国力。

《论积贮疏》原文如下：

管子曰：“仓廪实而知礼节。”民不足而可治者，自古及今，未之尝闻。古之人曰：“一夫不耕，或受之饥；一女不织，或受之寒。”生之有时，而用之亡度，则物力必屈。古之治天下，至孅至悉也，故其畜积足恃。

背本而趋末，食者甚众，是天下之大残也；淫侈之俗，日日以长，是天下之大贼也。残贼公行，莫之或止；大命将泛，莫之振救。生之者甚少，而靡之者甚多，天下财产何得不蹶！汉之为汉，几四十年矣，公私之积，犹可哀痛。失时不雨，民且狼顾；岁恶不入，请卖爵子，既闻耳矣。安有为天下阽危者若是而上不惊者？

世之有饥穰，天之行也，禹、汤被之矣。即不幸有方二三千里之旱，国胡以相恤？卒然边境有急，数十百万之众，国胡以馈之？兵旱相乘，天下大屈，有勇力者聚徒而衡击，罢夫羸老易子而咬其骨。政治未毕通也，远方之能疑者，并举而争起矣。乃骇而图之，岂将有及乎？

夫积贮者，天下之大命也。苟粟多而财有余，何为而不成？以攻则取，以守则固，以战则胜。怀敌附远，何招而不至？今驱民而归之农，皆著于本；使天下各食其力，末技游食之民，转而缘南亩，则畜积足而人乐其所矣。可以为富安天下，而直为此廪廪也，窃为陛下惜之！

这一年，汉文帝屁股坐热了，下面的官员差不多也开始服帖了。这个建议的操作性也不是太难，于是汉文帝便采纳了他的建议，开始“小试牛刀”下令鼓励农业生产，进行轻微的改革举措。

权贵集团惹不起

有了上一次的成功进谏，贾谊顿时来了精神，又开始鼓捣起许多改革建议来。其中，有一条建议，让他彻底得罪了权贵集团，损害了他们的利益。这一条改革建议就是，在政治上，贾谊向汉文帝提出遣送列侯离开京城，到自己封地的措施，希望借此稳固皇权，削弱列侯势力，让他们互相不能团结，从而维护汉家天下的统治。

这一条建议汉文帝心里是很想采纳的，于是他便琢磨着提拔贾谊担任公卿之职，有利于开展改革工作。但他哪里知道，当时的周勃、灌婴、张相如、冯敬等人都对贾谊很不满，认为这个20多岁的年轻人真是不消停，不仅要担任公卿，还要专权改革，便进言诽谤贾谊“年少初学，专欲擅权，纷乱诸事”。周勃等人对贾谊最开始还是挺赞赏喜欢的，毕竟是个年少才子。但后面为什么排挤他呢，我想有两个原因，一是贾谊升职太快，22岁当副部，还没过几年，就差点要被提拔为公卿（一品），人家周勃奋斗一辈子，十年战场抛热血砍人头，才换回了一个侯，而贾谊凭几条建议、几篇文章就轻易得到了，这不让周勃等人感到难堪吗？二是贾谊既然得到了高位，却不知足还要鼓捣改革削减列侯利益，从私人角度看，列侯们并没有影响贾谊的利益，只是对皇权有冲击，贾谊是为文帝着急而主动提出改革的。这两条原因足以让贾谊的改革遭遇巨大的阻拦。果然，汉文帝迫于列侯们的压力，不得不逐渐疏远贾谊，不再采纳他的意见。这有点类似于汉朝的另一位才子主父偃，当时也是提议改革得罪诸王，最后不幸做了替死鬼。但是，我们不能否定贾谊和主父偃，有两句话“在其位，谋其政”“士为知己者死”，从大局的角度看，贾谊的做法是对的，只是他没有采取迂回委婉的方式罢了。

果然，汉文帝经不住权贵利益集团的狂轰滥炸，不得不在公元前176年便将25岁的贾谊外放为长沙王太傅。

两篇大赋惊帝王

这湖南长沙在东汉是偏远蛮荒之地，离帝都长安可是有数千里之遥。贾谊带着郁闷的心情往长沙赶去，在途经湘江时，他有感而发写下《吊屈原赋》，并抒发自己的怨愤之情。

《吊屈原赋》原文如下：

谊为长沙王太傅，既以谪去，意不自得；及度湘水，为赋以吊屈原。屈原，楚贤臣也。被谗放逐，作《离骚》赋，其终篇曰："已矣哉！国无人兮，莫我知也。"遂自投汨罗而死。谊追伤之，因自喻，其辞曰：恭承嘉惠兮，俟罪长沙；侧闻屈原兮，自沉汨罗。造讬湘流兮，敬吊先生；遭世罔极兮，乃殒厥身。呜呼哀哉！逢时不祥。鸾凤伏竄兮，鸱枭翱翔。阘茸尊显兮，谗谀得志；贤圣逆曳兮，方正倒植。世谓随、夷为溷兮，谓跖、蹻为廉；莫邪为钝兮，铅刀为铦。吁嗟默默，生之无故兮；斡弃周鼎，宝康瓠兮。腾驾罢牛，骖蹇驴兮；骥垂两耳，服盐车兮。章甫荐履，渐不可久兮；嗟苦先生，独离此咎兮。讯曰：已矣！国其莫我知兮，独壹郁其谁语？凤漂漂其高逝兮，固自引而远去。袭九渊之神龙兮，深潜以自珍；偭蟂獭以隐处兮，夫岂从虾与蛭蟥？所贵圣人之神德兮，远浊世而自藏；使骐骥可得系而羁兮，岂云异夫犬羊？般纷纷其离此尤兮，亦夫子之故也。历九州而其君兮，何必怀此都也？凤凰翔于千仞兮，览德辉而下之；见细德之险徵兮，遥曾击而去之。彼寻常之污渎兮，岂能容夫吞舟之巨鱼？横江湖之鳣鲸兮，固将制于蝼蚁。

《吊屈原赋》描写了一个善恶颠倒、是非混淆的黑暗世界，表现出对屈原深深的同情。作者也流露出对自己无辜遭贬的愤慨，但他不赞同屈原的以身殉国，认为屈原最终的不幸在于他未能"自引而远去"。此赋是汉初文坛的重要作品，是以骚体写成的抒怀之作，也是汉人最早的吊屈之作，开汉代辞赋家追怀屈原的先例。马积高《赋史》："《吊屈原赋》在体制上虽上承《九章》，但前一段连用许多排比句，第二段多用反诘句和感叹句，形成一种铺张扬厉的风格，同他的名文《过秦论》相似，具有战国策士说辞那种雄辩的余风。”

当长沙王太傅的第三年，有一只猫头鹰飞入房间。旧时，猫头鹰被视为不吉祥之鸟。贾谊由于被贬，本已失落，又见猫头鹰，心情更是哀伤，便作了《鹏鸟赋》，以此抒发自己忧愤不平的情绪。

《鹏鸟赋（并序）》原文如下：

谊为长沙王傅三年，有鹏飞入谊舍。鹏似鸮，不祥鸟也。谊即以谪居长沙，长沙卑湿，谊自伤悼，以为寿不得长，乃为赋以自广也。其辞曰：单阏之岁，四月孟夏，庚子日斜兮，鹏集予舍。止于坐隅兮，貌甚闲暇。异物来萃兮，私怪其故。发书占之兮，谶言其度，曰：“野鸟入室兮，主人将去。”请问于鹏兮：“予去何之？吉乎告我，凶言其灾。淹速之度兮，语予其期。”鹏乃叹息，举首奋翼；口不能言，请对以臆：“万物变化兮，固无休息。斡流而迁兮，或推而还。形气转续兮，变化而嬗。沕穆无穷兮，胡可胜言！祸兮福所倚，福兮祸所伏；忧喜聚门兮，吉凶同域。彼吴强大兮，夫差以败；越栖会稽兮，勾践霸世。斯游遂成兮，卒被五刑；傅说胥靡兮，乃相武丁。夫祸之与福兮，何异纠缠；命不可说兮，孰知其极！水激则旱兮，矢激则远；万物回薄兮，振荡相转。云蒸雨降兮，纠错相纷；大钧播物兮，坱圠无垠。天不可与虑兮，道不可与谋；迟速有命兮，焉识其时！且夫天地为炉兮，造化为工；阴阳为炭兮，万物为铜。合散消息兮，安有常则？千变万化兮，未始有极！忽然为人兮，何足控抟；化为异物兮，又何足患！小智自私兮，贱彼贵我；达人大观兮，物无不可。

贪夫徇财兮，烈士殉名。夸者死权兮，品庶每生。怵迫之徒兮，或趋西东；大人不曲兮，意变齐同。愚士系俗兮，僒若囚拘；至人遗物兮，独与道俱。众人惑惑兮，好恶积亿；真人恬漠兮，独与道息。释智遗形兮，超然自丧；寥廓忽荒兮，与道翱翔。乘流则逝兮，得坻则止；纵躯委命兮，不私与己。其生兮若浮，其死兮若休；澹乎若深渊之静，泛乎若不系之舟。不以生故自宝兮，养空而浮；德人无累兮，知命不忧。细故蒂芥，何足以疑！

此赋借与鹏鸟问答以抒发了自己忧愤不平的情绪，并以老庄的齐生死、等祸福的思想以自我解脱。全赋情理交融，文笔潇洒，格调深沉。作者因物兴感，由感生理，由理见情，且笔力劲健，一气呵成。

汉代史学家、文学家司马迁云：“读《鵩鸟赋》，同死生，轻去就，又爽然自失矣！”（《史记·屈原贾生列传第二十四》）近代文学家闻一多称誉此赋为“哲学之诗”。

贾谊的两篇赋传到了京城，汉文帝本身就很想念贾谊，便下令征召他入京，于未央宫祭神的宣室接见了贾谊。两人相见，悲喜连连。汉文帝因对鬼神之事有所感触，当即向贾谊询问鬼神的原本。贾谊详细讲述了其中的道理，一直谈到深夜，汉文帝听得不觉移坐到席的前端。谈论完了，汉文帝说：“我很久没看到贾生了，自以为超过他了，今天看来，还比不上他啊。” 这就是李商隐那首著名的七绝《贾生》的出处，“宣室求贤访逐臣，贾生才调更无伦。可怜夜半虚前席，不问苍生问鬼神。”笔者却认为，李商隐有些片面，他过分强调贾谊无与伦比的才华，把“不能用人”的板子重重地打在汉文帝身上，这是有失偏颇的。贾谊并没有像其他落魄才子一样，一辈子也没有见到皇帝，而贾谊22岁就面见圣上，并担任副部级，已是千里马遇伯乐了。只是，他这匹千里马没有系好绳子，跑偏了。

英年早逝空叹息

回到长安后，贾谊又被任命为梁怀王太傅。《史记·梁孝王世家第二十八》记载："初，武为淮阳王十年，而梁王胜卒，谥为梁怀王。怀王最少子，爱幸异于他子。"这个梁怀王是汉文帝最小的儿子，名叫刘胜，最受文帝宠爱。文帝封贾谊为怀王太傅，应该是有深意的，可能是为了进一步锤炼贾谊吧，毕竟贾谊这时才28岁。在当梁怀王太傅时，贾谊又有了建议的兴致，多次上疏陈述政事，比如《治安策》等。

《治安策》这篇文章论及文帝时潜在或明显的多种社会危机，包括"可为痛哭者一，可为流涕者二，可为长叹息者六"等众多严重问题，涉及中央与地方诸侯之间、汉廷与北方少数民族之间，以及社会各阶层之间的种种矛盾。针对这令人忧心的一切，贾谊富有针对性地一一指明相应对策和补救措施，全文共计1万余字，要是翻译成现代文至少2万字，全文汪洋恣肆，妙语横绝，其思想境界超越凡人，限于篇幅不再复制原文，但可以引用一两句与读者们分享，比如："上设廉礼义以遇其臣，而臣不以节行报其上者，则非人类也。故化成俗定，则为人臣者主耳忘身，国耳忘家，公耳忘私，利不苟就，害不苟去，唯义所在。上之化也，故父兄之臣诚死宗庙，法度之臣诚死社稷，辅翼之臣诚死君上，守圄捍敌之臣诚死城郭封疆。故曰圣人有金城者，比物此志也。彼且为我死，故吾得与之俱生；彼且为我亡，故吾得与之俱存；夫将为我危，故吾得与之皆安。顾行而忘利，守节而仗义，故可以托不御之权，可以寄六尺之孤。

此厉廉耻行礼谊之所致也，主上何丧焉！此之不为，而顾彼之久行，故曰可为长太息者此也。”毛主席也大为称赞《治安策》是“西汉第一雄文”，还专门写过赞美贾谊的诗：“贾生才调世无伦，哭泣情怀吊屈文。梁王坠马寻常事，何用哀伤付一生。”文学家鲁迅也曾赞曰：“西汉鸿文，沾溉后人，其泽甚远。”

汉文帝十一年（前169年），贾谊32岁，随梁怀王入朝，梁王刘胜坠马而死，贾谊感到自己身为太傅，没有尽到责任，深深自责，经常哭泣，不久便抑郁而死了。一代文学天才，没有良好的心理素质，受到了一些挫折，就无法再爬起来，实则度量太小而已。这时，我倒赞同苏东坡的观点：“贾生，王者之佐，而不能自用其才也。贾生志大而量小，才有余而识不足也。”

魏晋南北朝

曹植：天下文才共一石，他独占八斗

在中国汉魏时期，有这么一位才子，他既是王侯之子，又是青年才俊，其天赋才情无与伦比。大诗人谢灵运对其甘拜下风，称赞曹植："魏晋以来，天下的文学之才共有一石（一种容量单位，一石等于十斗），其中曹植独占八斗，我得一斗，天下其他的人共分一斗。" 李白也说："曹植为建安之雄才，惟堪捧驾，天下豪俊，翕然趋风，白之不敏，窃慕高论。"而大宋学者张戒也赞曰："子建诗，微婉之情，洒落之韵，抑扬顿挫之气，固不可以优劣论也。古今诗人推陈王及古诗第一，此乃不易之论。"那么，曹植何以能引起天下才子推崇，他又经历了怎样的人生呢？

生于富贵家　才华满京华

提到曹植的身世，的确会令多少才子佳人倍生羡慕，比起李白、杜甫、王维、孟浩然等有过之而无不及，他是生在蜜罐里长大的。曹植的父亲是曹操，这个人物不用介绍了，说他家喻户晓一点也不为过。就连现在我们也常常以他名传播，比如"说曹操，曹操就到"，再比如大街上连业务车也打上了"曹操专车"随叫随到以吸引眼球招揽生意。曹操的名，曹操的贵，给曹植打下了坚实的背景基础。

初平三年（192年），曹植出生于东武阳县（今山东省阳谷县西）。曹植是曹操与卞夫人所生第三子（卞夫人为曹操生了四个儿

子：丕、彰、植、熊）。能出生在这样的家庭，是一般人所不能比的。出生之后，曹植从小就表现出了极高的天赋，聪慧过人，十岁出头就能诵读《诗经》《论语》及先秦两汉辞赋，诸子百家也曾广泛涉猎。这点与天才司马光有些类似，他7岁就能背诵《左氏春秋》，还能讲明白书中的要意。因此，天才似乎都有着相似的童年，相似的惊人天赋。由于思路快捷，谈锋健锐，常常能自如应对，脱口成章，曹操对曹植也很是喜欢，着重培养。

曾有一次，曹操看到年幼的曹植所写的文章，心里十分惊讶，又有些怀疑，便问他："这文章是你请人代写的吧？"曹植沉着地回答道："话说出口就是论，下笔就成文章，只要当面考试就知道了，何必请人代作呢！" 曹操听了儿子自信满满的话，对他更是怜爱了。

建安十二年（207年）9月，16岁的曹植随父北征柳城（今辽宁朝阳），他写了《白马篇》反映随父征战的情况。该诗以曲折动人的情节，描写边塞游侠儿捐躯赴难、奋不顾身的英勇行为，塑造了边疆地区一位武艺高超、渴望卫国立功甚至不惜牺牲生命的游侠少年形象，表达了诗人建功立业的强烈愿望。这篇诗文很牛，得到了许多文人学者的盛赞，其中学者方东树就赞曰："此篇奇警。后来杜公《出塞》诸什，实脱胎于此。"

《白马篇》原文如下：

白马饰金羁，连翩西北驰。借问谁家子，幽并游侠儿。
少小去乡邑，扬声沙漠垂。宿昔秉良弓，楛矢何参差。
控弦破左的，右发摧月支。仰手接飞猱，俯身散马蹄。
狡捷过猴猿，勇剽若豹螭。边城多警急，虏骑数迁移。
羽檄从北来，厉马登高堤。长驱蹈匈奴，左顾凌鲜卑。

弃身锋刃端，性命安可怀？父母且不顾，何言子与妻！
名编壮士籍，不得中顾私。捐躯赴国难，视死忽如归！

读到该诗，笔者不禁想起了大唐天才诗人白居易，他也是在16岁时写下了《赋得古原草送别》：

离离原上草，一岁一枯荣。
野火烧不尽，春风吹又生。
远芳侵古道，晴翠接荒城。
又送王孙去，萋萋满别情。

两位文学天才16岁已写下了名垂后世的名篇，怎不令后来的文人士子自叹弗如呢？曹操看了《白马篇》后，十分赞赏，逢人便夸耀这个聪慧的儿子，曹植的名声也因此远播开来，成为京都鼎鼎有名的神童少年。

诗赋绝无伦　受宠更驰骋

建安十五年（210年），曹操在邺城建好了铜雀台，便召集文人雅士“登台为赋”，19岁的曹植也受邀其中。当时，众人纷纷冥思苦想，面有难色。而这时的曹植略加思索，随即提笔一挥而就，第一个上台交卷，其文曰《登台赋》，内容如下：

从明后之嬉游兮，聊登台以娱情。见天府之广开兮，观圣德之所营。建高殿之嵯峨兮，浮双阙乎太清。立冲天之华观兮，连飞阁乎西城。临漳川之长流兮，望众果之滋荣。仰春风之和穆兮，听百鸟之悲鸣。天功恒其既立兮，家愿得而获呈。扬仁化于宇内兮，尽肃恭于上京。虽桓文之为盛兮，岂足方乎圣明。休矣美矣，惠泽远扬。翼佐皇家兮，宁彼四方。同天地之矩量兮，齐日月之辉光。永贵尊而无极兮，等年寿于东王。

写《登台赋》的背景，有点类似于王勃当年写《滕王阁序》，大家都还在冥思苦想时，曹植文思泉涌，一挥而就，并技压群芳，夺得文魁。自此之后，曹操对曹植寄予厚望，认为他将是自己最有成就的儿子。不久之后，曹操就将曹植封为临淄侯。一篇文章就能封侯，这与寒门比起来有多大的区别呀。李广战场拼杀一辈子也没能封侯，留下终生遗憾。这一点看，出身是相当重要的。

曹植封侯这一年，才23岁。当时曹操正东征孙权，令曹植留守邺城，临走时告诫他："当年我担任顿丘令时23岁，对当时的所作所为，至今都不曾后悔。如今你也是23岁，更应该发奋图强！"可见，曹植在当时受到了父亲的极大宠幸，有好几次曹操几乎都要立他为世子，其势头十分猛烈。

因为有才受到曹操重视，当时的知名学者丁仪、丁廙、杨修等人都争着前来辅佐曹植，希望能帮助他一起建功立业，匡扶天下，同时也为自己找到伯乐，他们对未来充满了无限的憧憬。

浪荡且不羁　可叹丢世子

或许由于受到了太多的宠爱，也或许是上天给了曹植过多的文采，终于，没过多久这位英俊少年就因为浪荡不羁的自由天性，遗憾失去了世子之位。

建安二十二年（217年），曹植在曹操外出期间，借着酒兴私自坐着王室的车马，擅开王宫大门司马门，在只有帝王举行典礼才能行走的禁道上纵情驰骋，一直游乐到金门，他早把曹操的法令忘到九霄云外去了。曹操得知后大怒，立即处死了掌管王室车马的公车令。

自从这事之后，曹操加重了对诸侯的法规禁令，曹植也因为这件违法的事，而日渐失去曹操的信任和宠爱。当年十月，曹操终于下定了决心，召令自己的儿子曹丕为世子。从此，曹植告别了昂扬奋发的人生阶段，陷入难以自拔的苦闷和浓郁的悲愁中。由于过分的悲痛，让曹植一蹶不振，　就连建安二十四年（219年），他的兄弟曹仁为关羽所困，曹操让曹植担任南中郎将，行征虏将军，带兵解救曹仁，命令发布后，曹植竟喝得酩酊大醉不能受命。自那之后，曹操对他彻底失望，再也没有重用过他。

七步能成诗　惊为天上神

曹丕承袭王位后，对曹植提心吊胆，处处防备。因为，他深知曹植的才华远高于自己，当年要不是曹植自甘堕落，醉酒误事，王位可能就打了水漂。但既然自己现在当上了高贵的魏王，对于天资非凡的曹植，当然就会好好修理一番了，甚至还想杀了曹植以绝后患。

得知曹丕的想法后，曹植也顾不得饮酒了，立即骑马外逃。曹丕随即就派人快马追赶，在郭庄追上了狼狈的曹植并押解回朝。

曹丕阴狠地对曹丕说："有人告你阴谋作乱，我本来是不相信的。没想到，你却畏罪潜逃，说明你做贼心虚。今天本该杀你，但念手足之情，再给你一次活命的机会。天下皆知你文采出众，能诗

善文，那就当着众人的面，在七步之内吟诗一首。吟出，就免你一死。”对于这样的要求，曹丕摆明是铁了心要杀曹植的。七步成诗根本就是天方夜谭，即使曹植才高八斗，也不可能短时间完成。

随后，曹丕便开始出题，他见一个麻脸将军挎马持刀站在旁边，便冷笑一声说：“就以麻脸为题，但不准出现‘麻、点、坑、凹’四字。”说完，他环视众人，面露得意之色。曹植听后，不慌不忙，七步之内吟出一首诗来：“沙滩下大雨，新鞋踩硬泥。豆包去了馅，翻看石榴皮。”

诗一吟出，自以为得意的曹丕不禁愕然，不由自主地“嗯”了一声。

曹植以为已过关，便起身准备离去。曹丕又板起面孔说：“刚才那诗太粗俗，需以瘸腿为题再作一首方可，但不得出现‘瘸、踮、拐、短’四字。”曹植听后，不慌不忙，又吟诗一首：“走路风摆柳，站立马歇蹄。坐下一边倒，睡觉脚不齐。”

曹丕听后，心中大惊，一时没有言语。过了一会，又强词夺理地说：“两首诗都欠文雅，现在你再以同胞兄弟为题，吟诗一首，不得用兄弟、手足、同胞、你我之词。”曹植见曹丕一而再、再而三地纠缠威逼，便强压心中怒火说：“王兄再三追逼，多次限制条件作诗，这次作成，能赦否？”曹丕眉头紧皱，迟疑片刻，狠狠地说：“赦！”

随后，只见曹植从容不迫，一步一吟，不足七步又吟出一首世代流传的千古佳句：“煮豆燃豆萁，豆在釜中泣。本是同根生，相煎何太急。”

满怀杀机的曹丕理屈词穷，悻悻地长叹一口气。为便于时刻监视曹植，曹丕将他就地封为雍丘王。以上七步诗的出处在刘义庆《世说新语》和陈寿的《三国志》等史料中。

佳人难再得　创作《洛神赋》

自此以后，曹植虽然保住了性命，却时刻遭受着曹丕的防范与打压，也多次被改封外地。黄初二年（221年），30岁的曹植被徙封安乡侯（今河北省晋州市侯城开发区），邑八百户；当年七月又改封鄄城侯（今山东省鄄城县），是年作《野田黄雀行》。

黄初三年（222年）四月，31岁的曹植被封为鄄城王，邑二千五百户，也就是在这次被封王之后回鄄城的途中，他写下了著名的《洛神赋》。

这个洛神是谁呢，她名叫甄宓，是曹丕的妃子。如果剧情这么简单就不会有曹植的《洛神赋》了，肯定还是大有曲折的。据《文昭甄皇后传》载：甄宓乃中山无极人，上蔡令甄逸之女。建安年间，她嫁给袁绍的儿子袁熙。没想到官渡之战后，袁绍兵败病死，甄宓成了曹军的俘虏。这时，曹丕先入袁府，见到甄宓姿貌绝伦，便将其纳为妃子。然而，据史料传说，甄宓在与曹丕见面之前，就与曹植见过面，并且两人一见钟情，两心暗许。当时在洛河神祠，曹植将自己的白马送给了甄宓，帮助她逃返邺城。而甄宓也将自己的玉佩赠给了曹植以示感谢，两人私下相爱。

当曹丕纳了甄宓，曹植心中的苦有谁知呢。而曹丕更是心中郁闷，对于甄宓和曹植错综复杂的关系，他一直难以释怀，虽然封了甄宓为妃，但后来还是听信谗言，将美貌的甄宓赐死了。后来，曹植途经洛水，夜宿舟中，恍惚间似乎看到甄宓凌波御风而来，想着当初与甄宓洛水相遇的情景，顿时文思激荡，一挥而就写下了流传千古的《洛神赋》。在这篇赋中，曹植先用大量篇幅描写自己所爱佳人甄宓的美貌、姿态和装束，比如“髣髴兮若轻云之蔽月，飘飖兮若流风之回雪。远而望之，皎若太阳升朝霞，迫而察之，灼若芙蕖出渌波……”曹植希望通过自己的诗篇将心爱的女人当作最美好理想的象征，也寄托了对美好理想的倾心仰慕和热爱。但虚幻总归是虚幻，他和甄宓恋爱的失败，也注定这首赋文最终以破灭作结。曹植《洛神赋》的写法，有点类似于屈原，都用了拟人、比喻的手法，将自己失望的情绪浓烈地表现出来，引起了大多落魄失意之人的共鸣。

到老不得志　抑郁随风去

除了失去本该属于自己的王位，错过美若天仙的美人，曹植到老也没能实现自己的志向，未受到朝廷的重用，他的后半生是可悲的一生，可叹的一生。

黄初七年（226年），曹丕病逝，他的儿子曹叡继位，即魏明帝。然而，这并没有改变曹植的命运。壮心不已的曹植，这时以为重新找到了良机，急切地渴望自己满腹的才能得到施展，便多次慷慨激昂地上书侄子曹叡，希望被重新起用，其拳拳之心，可以使铁石心肠之人动容。

但是，曹叡并不放心他的这位叔叔，对于曹植的防范和曹丕一样，从来未曾松懈。他冰冷的心深如古井，未曾起过微澜，除了象征性地在口头上给予曹植嘉许以外，没有任何实质性的行动。

无奈悲伤的曹植，在文、明二世的12年中，虽然多次被迁封，但从未获得重用。到了太和三年（229年），38岁的曹植徙封东阿，才开始安心研究儒典，认真从事文学写作。

然而，这样的平静生活并没有过多久，在太和六年（232年）11月，孤独的曹植在忧郁中病逝，时年41岁。尽管，一代文坛天才就这样遗憾地离开了人间，但他以无尽的才华创作的诗篇，却如灿烂的明月照亮着千古文坛，被人们传诵。

郭嘉："鬼才"倘若不死，三国岂能鼎立

在《三国演义》中，曹操在赤壁之战失败后说过这样一句话："倘若奉孝在此，我何故惨败？哀哉奉孝！惜哉奉孝！痛哉奉孝！"而学者陈亮也曾提道："以成魏之霸业者，昱、嘉之谋为多，而曹公尤痛惜嘉之死也。"可见郭嘉在曹操心目中的地位是何等重要和特殊。那么，郭嘉到底是何许人也，他又有什么独到之处，其人生经历又是什么样子呢？请随笔者一一去探个究竟。

骏马选伯乐　甄别有智慧

古语有云"千里马常有，而伯乐不常有。"这是个双向选择题。然而，许多的千里马在选伯乐时，常常看花眼、挑错郎，从而错失良机，悔恨一生。比如许攸挑选了袁绍，最后不被重用。后来，他又侥幸跟了曹操，但因为其放荡不羁、不知收敛的性格，活活丢掉了性命。再比如飞将军李广，生不逢时，命不遇主，尽管战功赫赫，但一生未曾封侯。"冯唐易老，李广难封"一直成为"千里马"们的遗憾。而郭嘉却是一个异类，既然成了千里马，却不轻易驰骋，而要挑选好伯乐和草原，从而奔腾万里，一鸣惊人。这一点类似于军事家诸葛亮，隆中隐居却不求闻达于诸侯，只等刘备这条大鱼儿上钩，最终立功万千，名垂后世，被后人敬仰。

郭嘉也一样，对于伯乐的选择，他很慎重。出生于颍川的他，从小就有远见，当才子谋士们都去为生计奔波之时，郭嘉却在弱冠

之年选择了隐居。虽远离世俗，他却秘密结交英杰，期待有朝一日展翅翱翔，建功立业。

郭嘉21岁时，名臣田丰向袁绍推荐了年少有才的他。但见了袁绍这位贵族之后，郭嘉并不感冒，他对袁绍的谋臣辛评、郭图等人说："明智的人，能审慎周到地衡量他的主人，所以凡有举措都很周全，从而可以立功扬名。袁公只想要仿效周公的礼贤下士，却不很知晓使用人才的道理。思虑多端而缺乏要领，喜欢谋划而没有决断，想和他共同拯救国家危难，建称王称霸的大业，我看实在很难啊！"看清袁绍的水平后，郭嘉果断选择了离开。之后，他一直在家赋闲了6年。这不是在逃避，而是在等待，等待真正的明主出现。

明主本难寻　才子喜相逢

6年过去后，郭嘉终于遇到了自己生命中注定要见的那一个人。当时，他的好朋友荀彧给郭嘉带信说，曹操要见一见他。郭嘉带着试探的态度去了曹营，心里却嘀咕着，曹操和袁绍是不是同一类人，到底他是不是自己所要寻找的明主呢？而曹操刚刚失去了最为器重的谋士戏志才，十分悲痛，荀彧给他推荐了郭嘉，他也想见一见了解一下。两人都是抱着试探的态度，在曹操的大厅见了面。

曹操见到了郭嘉，见其雄姿英发，容貌俊伟，正是青春年少，心中已有几分欢喜。随后，曹操便问了郭嘉天下大事，咨询如何在风云变幻的乱局中笑傲群雄。而郭嘉不慌不忙，胸有成足，海阔天空地进行谈论，其才华汪洋恣肆，论点旁征博引，令人欣赏和叹服。

经过长久的深入交流和讨论，曹操对部下说："能帮助我成就大业的人，就是他了！"而年轻的郭嘉离开营帐后，也大喜过望地对朋友说："这才是我真正的主人啊！"

从此，郭嘉认为找到了自己的知音和明主，忠心耿耿地当上了曹操的参谋军事官——军师祭酒，为曹操的四方征战出谋献策，诚心效力。这点类似于刘备拜访诸葛亮一样，隆中对一提出，刘备就明白能帮助自己取得成功的人出现了，而诸葛亮也认定刘备是可以托付前途的领袖。

十胜十败论　振奋曹军心

进了曹营后，郭嘉尽心尽力为曹操出谋划策，帮助曹操与其他诸侯军阀争夺天下，积极努力建功立业。当时，郭嘉对一个个对手心理状态的准确判断，常常成了曹操获胜的关键。

比如，建安二年（197年），曹操在讨伐张绣时新败，军心动摇，而他最大的对手袁绍还写信羞辱他。面对这种情况，曹营中的其他谋士，很多都挺担心曹操不具备与袁绍抗衡的能力，纷纷劝其放弃抗争，有投降的打算。

这时的郭嘉却提出了著名的“十胜十败”之说，以鼓舞曹操，稳定了军心。当时，他一连举出了十条理由，以证明“公有十胜，绍有十败”的道理。第一是“道胜”：袁绍作为世族军阀，礼仪繁多而杂乱，为其形式所羁；曹操“体任自然”，因时因事而制宜，“道”高一筹。第二是“义胜”：曹操“奉顺以率天下”，顺应历史潮流，合乎道义。第三是“治胜”：郭嘉以深刻的眼光分析历史和现实，认为汉末大乱是统治者“政失于宽”，而袁绍以宽济宽，所以无以御下；曹操“纠之以猛而上下知制”，宽猛相济的治理措施是切合时要的。第四是“度胜”：袁绍外表宽厚而内心多猜忌，任人唯亲戚子弟；曹操则“用人无疑，唯才所宜，不问远近”，在气度胸襟上胜过袁绍。第五是“谋胜”：袁绍临事无策，优柔寡断；曹操机警果敢，

"应变无穷"。第六是"德胜"：袁绍沽名钓誉，喜受吹捧，"士之好言饰外者多归之"；曹操以诚待士；"不为虚美"，讲究实用，刑赏必诺，"与有功者无所吝"，那些忠正而有远见且务实的士人"皆愿为用"。第七是"仁胜"：袁绍怀妇人之仁，见人饥饿，恤念之情形之于表，而对于自己见不到的，则"虑所不及"。这不是政治家的胸怀。曹操对于眼前小事或有疏失，而对于天下大事则"虑之所周，无不济也"，恩德施乎四海。第八是"明胜"：袁绍惑于谗言，而曹操则明辨是非，"御下以道，浸润不行"。第九是"文胜"：袁绍是非不分，曹操对于正确的"进之以礼"，不正确的则"正之以法"。第十是"武胜"：袁绍用兵"好为虚势，不知兵要"，曹操则用兵如神，士卒有所恃，敌人闻而畏。

用现在的观点来看，郭嘉所指出的这十个方面，包括了政治措施、政策法令、组织路线，以及双方首领的思想修养、心胸气量、性格、文韬武略等多种因素，这都是关涉事业成败兴衰的关键。郭嘉的分析很具说服力，不但振作了曹军将士的斗志，更助曹操拟定了远期和近期的作战目标。同时，郭嘉也正式确立了自己在曹操军事智谋团中的核心地位。

不听郭嘉言　放虎归南山

建安三年（198年），打了败仗的刘备无奈带着残兵来投靠曹操。当时，谋士程昱就向曹操建议杀死刘备这个"白眼狼"，永绝后患。曹操听了后，没有立即表态，他又征询了心腹郭嘉的意见。

郭嘉沉思了一会说："的确，刘备这个人有反骨，肯定是养不了家的。但是，我们如果杀了他，曹公您就有了杀义士的恶名，这就堵了其他名士前来依附的道路。真正的智者，是要懂得收复那些贤士。因此，不能因为刘备一个人有隐患，我们就除掉他，这危害到曹公在四海的声望，希望能够明察！”曹操听了这话，觉得有道理，便决定不杀刘备。

随后，郭嘉又建议道：“刘备有万人敌关羽、张飞跟随，而他又比较伪善，喜欢收买民心，肯定不会甘为人下，曹公一定要谨慎做好防备。古人有说，‘一日放纵敌人，便成数世的祸患’宜早些建立恰当的位置。”郭嘉的意思就是说，虽然不杀刘备，但可以软禁他，我不杀你，但你也别想逃出我的手掌心，永远限制死你，拖死你，埋没你。项羽当时就没有听取谋臣范增的建议，不仅没有杀掉刘邦，连软禁的措施也没执行，于是才有了鸿门宴。鸿门宴，鸿门一宴两重天。项羽最后兵败被杀，刘邦坐拥大汉天下。

然而，曹操这一次也没有听从郭嘉的建议，他认为只要诚心对待，就能得到刘备的真心依附。于是，曹操并没有软禁刘备，反而对他更加亲近，这才有了后来“煮酒论英雄”的桥段和故事。后来，曹操赤壁之战大败而归，错过了一统天下的大好机会，或许也和这次的优柔寡断有必然的联系。

建安四年（199年），狡猾的刘备借袁术北投袁绍之机，主动向曹操请求前去截击。这时，恰好郭嘉、程昱不在身边，一时大意的曹操竟同意了刘备的请求。当郭嘉与程昱赶回来后，觉得大事不好，便去找到曹操劝阻道：“放走刘备，要生变数了！” 曹操这时才悔恨起来，但此时的刘备早已走远，而且还夺取一座小城下邳，有了自己的根据地。

神机有妙算　提头到曹前

建安五年（200年），曹操正在征伐袁绍，但又担心后方的刘备会来袭击，心里始终放心不下，他不知道是先消灭在徐州立足未稳的刘备，还是和袁绍决一死战后再进行讨伐，心中一直举棋不定。

当时郭嘉显得很镇定，他鼓励曹操说："袁绍向来优柔寡断，不会迅速做出反应。刘备人心未归，立足未稳，要是迅速进攻，他必败无疑。然后再回师对付袁绍，这是改变腹背受敌的最好机会，决不能失去！"于是，曹操便立即举师东征，大破刘备，俘虏了刘备的妻子，擒了关羽，进而又击破了和刘备联合的东海贼寇。情况正如郭嘉所料，犹豫不决的袁绍，果然还没有做出反应，刘备就快速被击败了。

当解决了刘备的隐患之后，曹操便与袁绍在官渡相持，两方决战一触即发。这时，一个令人不安的消息传到曹营：江东豪杰孙策，准备发兵偷袭曹操的大后方许都。本来，当时的曹操在袁绍面前已有劣势，再加上后方的威胁，心中大惊，不知如何是好。如果许都失守，曹操阵营将立刻分崩离析。

当时，曹营中人心最为动乱，不少人开始暗中向袁绍献媚，准备为自己留条后路。这就像公司要破产的前夜，员工们各怀心思，辞职的辞职，观望的观望，消失的消失，大家没有了主心骨，更没有了信心。

《三国演义》就介绍道，当时，曹操军中与袁绍私下有书信往来者不计其数，官渡之战后，在袁营中就搜出了不少通敌竹简。（庆幸曹操最后一把火烧了，没有深究。此处可看出曹操是心胸宽广之人，也很有政治智慧。）在此紧急关头，郭嘉却预测说："孙策刚刚吞并了江东，所诛杀的都是些英雄豪杰，他是能让人效死力之人。但孙策这个人轻率而不善于防备，虽然他拥有百万之众，却和他一个人来到中原没什么两样。如果有刺客伏击，那他就不过是一人之敌罢了。在我看来，孙策必定要死于刺客之手。"

这一点都能被郭嘉猜中，郭嘉真是神人也。果然，如他所料，孙策率军到了江边，尚未渡江，就被死对头许贡派遣的门客给刺杀了。这或许是巧合，但确实又为郭嘉的神机妙算添上了浓墨重彩的一笔。

英雄虽早逝　留下万古名

官渡之战后，曹操以少胜多打败了袁绍，而袁尚、袁熙逃入乌桓，即今辽宁锦州一带。曹军诸将都说："袁尚已如丧家之犬，关外胡人不会支援他们的。如果再做远征，刘备必然会挑拨刘表袭击许昌，万一有什么变数怎么办？"

然而，这时的郭嘉又提出了不同于他人的见解，他说："明公你尽管放心去远征，即使你留下一个空空荡荡的许都也没事，我料定刘备之徒无法给你添麻烦。他要是敢来攻许都，刘表肯定也不会让他得逞。"在众人一片惊异的哗然声中，郭嘉这哥们随即不慌不忙详细地分析了平乌桓之役的可行性和重大意义："胡人自恃偏远，现在必然没有防备，突然发动攻击，一定能够将他们消灭。袁绍对胡人有恩，如果袁尚还活着，他们一定帮忙，迟早是隐患。现在袁家的影响还很大，这个时候南征，如果胡人有行动，我们的后方就不安稳了。但刘表是个只知空谈的政客，他自知能力不足以驾驭刘备，所以必然会对刘备有所防备。现在虽然是虚国远征，但一劳永逸，从此就再也没有后患了。"

郭嘉的观点十分准确独到，聪明的曹操听后顿时茅塞顿开，他立刻下令进兵柳城。接着，郭嘉又认为曹军推进的速度还是太慢，便进言道："兵贵神速。现在潜力远征，辎重太多，行进缓慢，被对方有所觉察必然就要做防备。不如留下辎重，轻兵速进，攻其不备。”曹操依旧听从了郭嘉的建议，决定神速推进。后来，这一战成为中国战争史上“兵贵神速、奇兵制胜”的典型案例，成为兵家学子必读的课程之一。当曹军到达时，乌桓首领蹋顿和袁尚、袁熙率军仓促应战，终因准备不充分而吃了大败仗，曹军成功俘虏了敌军20余万人，走投无路的袁尚、袁熙投奔了辽东的公孙康。

当时，曹军的其他谋士建议要乘胜追击，然而郭嘉认为应该坐下来静等好消息。果然，没过多久辽东太守公孙康就带着袁尚的首级前来投降。曹操根据郭嘉的计策，终于彻底平定北方，统一了整个黄河流域以北的地区。

或许是太过优秀，这位天才谋士加军事家终于得罪了上天，在从柳城回来的途中，郭嘉因水土不服，气候恶劣，终于操劳过度而大病。当时曹操就像一个慈祥的长辈，不断地去郭嘉的病榻前探视。立在郭嘉床头，曹操弯腰轻轻摸了摸郭嘉发烫的额头，欲言又止。不知过了多久，曹操依依不舍地走了，留下了他落寞而悲伤的身影。但刚出院子，他突然又鬼使神差地折返，又去查看了仆人为郭嘉配的汤药是否已经熬好，所表现的哀伤和惋惜，令人为之动容。郭嘉死后，曹操时常挂念，特别是赤壁之战后，兵败的曹操悲痛大哭：“倘若奉孝在此，我何故惨败？哀哉奉孝！惜哉奉孝！痛哉奉孝！”而历代大咖对郭嘉也是推崇有加，赞美不断，玄宗皇帝李隆基就说：“孝文之得魏尚，虏不足忧；太祖之见郭嘉，知成吾事。”大唐学者薛稷称：“张良之翼汉王，郭嘉之协魏主，宋武之得穆之，齐高之得褚彦：定策决胜，谋夫孔多。”

“既生瑜，何生亮”子虚乌有

提到周瑜，许多人都会有一个固定的印象，“既生瑜，何生亮”“三气周瑜”等典故就闪现出来，但是历史上的周瑜并不是罗贯中所写的那样心胸狭窄，被诸葛亮气死，反而是一个才华横溢、宽宏大量之人。要是周瑜在天有灵，一定会找罗贯中打官司，若不索赔点精神损失费、名誉损失费、劳务耽误费决不罢休。

“官二代”还能精通音律

汉熹平四年（175年），在安徽省舒城县出生了一位伟大的人物，他就是周瑜。这个人，后来与诸葛亮齐名，建立了丰功伟绩。但是，周瑜又比诸葛亮出身好，诸葛亮家里有个叔叔是正厅级干部，而周瑜的父亲周异是洛阳令（相当于洛阳市市长）。除了有一个好爹外，周瑜的堂祖父周景、堂叔周忠，都官至太尉（副国级，相当于国防部部长）。周瑜出生后，周异给他取名为公瑾，大概也是希望他以后品德高尚，努力成为三公吧。从小因为家庭好，不缺吃不愁穿，再加上父亲的良好基因，周瑜不仅长得伟岸俊美，更是才华横溢。对于音律方面，他更是十分精通。

周瑜精通音律并不是空穴来风，是确有其事，陈寿写的《三国志》就有记载“曲有误，郎来顾”。周瑜年少时精通音律，即使喝了小酒之后，依旧能分辨出弹奏者的细微差错。当时因为周瑜长得帅，许多弹奏的美女，对其十分仰慕，纷纷找他一试，有的并不是真心请教，而是“醉翁之意不在酒”，想一睹这位帅哥的风采。有的女子为了博得周瑜多看一眼，往往故意将曲谱弹错，于是便 有了“曲有误，周郎顾”的典故。许多大文豪根据周瑜的这个故事，纷纷创作了优秀的文艺作品。比如唐代的大诗人李端有就写了一首名为《听筝》的诗，他赞道：“鸣筝金粟柱，素手玉房前。欲得周郎顾，时时误拂弦。”

“小试牛刀”立战功

公元190年，孙坚兵讨董卓时，家人移居到舒县（今安徽舒城县）。这时，16岁的周瑜让出自己路南的大宅院，提供给孙家居住。当时，周瑜还亲自登堂拜见孙策的母亲，自此两家有了交往。周瑜和孙策也成了好朋友，他们在舒县广交江南名士，很快远近闻名。

哪里知道，第二年孙坚就不幸死去了。年幼的孙策接管了父亲的军队。孙策自然想到了自己的好朋友周瑜，便写了一封信，让他赶过去辅助自己。收到信后，周瑜没有丝毫犹豫，立即率人前去接应孙策，给他以大力支持和帮助。当见到周瑜时，孙策高兴地说：“有了兄弟你，我的大事就成了。”

自那之后，在周瑜的帮助下，孙策率军先克横江（今安徽省和县东南，长江北岸）、当利（今安徽和县东，当利水入江处），接着挥师渡江，进攻秣陵（今江苏省南京市江宁区秣陵关），打败了笮融、薛礼，转而攻占湖孰（今江苏省南京市江宁区湖熟镇）、江乘，进入曲阿（今江苏省丹阳市），兴平二年（195年），逼走了刘繇。

很快，孙策部众就发展到几万人。还未成年的周瑜，这时已经显示出了足够的才华，小试牛刀，就立下了战功，得到了孙策的信赖和赏识。

抱得佳人名小乔

建安三年（198年），孙策授予周瑜建威中郎将，调拨给他士兵2000人，战马50匹。此外，孙策还替周瑜修建豪华住所，赏赐之厚，无人能比。当时，孙策还发布命令说：“周公瑾雄姿英发，才能绝伦，和我又形同骨肉。在丹阳时，就是他率领兵众相助于我，才使我成就大事，论功酬德，我现在给他的赏赐，远远不能回报他给我的支持和帮助！”周瑜这时才24岁，就获得了极高的地位和荣耀，吴郡的人皆美赞他为“周郎”。

有了地位和身份，才华横溢的周瑜便有了成家的想法，但是谁家的姑娘能配得上他呢，前来的提亲者踏破了他府上的门槛，但周瑜一个也看不上。就在这时，意外却发生了，当周瑜和孙策攻破皖城时，看到该地乔公家的两个女儿真是国色天香，姿色绝伦，很是喜欢。两哥们秀色不独享，有利就均分，经过商量，孙策娶了大乔，周瑜娶了小乔。

这样的婚姻不知道算不算强求而得，但有一点可以肯定的是，郎才女貌似乎在他们身上得到了应验。当时，孙策还对周瑜说：“乔公之女，虽经战乱流离之苦，但得我们二人做女婿，也是他们的幸运。”大、小二乔，运气并没有潘金莲差。一代美女潘金莲无奈被地主卖给了矮小丑陋的武大郎，自然心里想不开，有红杏出墙的想法。而大、小二乔虽也不自愿，但好歹嫁给了两位英雄，婚后也没听说过他们有任何的埋怨，或许这也是一种安慰吧。所谓的爱情，或许满足了你的期许，他就是爱情了。

大、小乔之美，足以让孙策和周瑜心满意足，不然枭雄曹操怎会一直惦记呢。唐代大诗人杜牧就写了一首诗进行佐证：“折戟沉沙铁未销，自将磨洗认前朝。东风不与周郎便，铜雀春深锁二乔。”这个铜雀台是曹操晚年与女人游乐的地方，如果当年赤壁之战曹操胜利了，依照他好色的性格，二乔可能就会是花蕊夫人、小周后一样的命运了，不过这都是后话。

托孤大臣尽忠心

很可惜，孙策命不好，与大乔还没好好欢爱，天下还未争取，就在建安五年（200年）四月，被刺身亡，时年26岁。临终时，孙策遗命，将弟弟孙权托付给了周瑜这位好朋友。

周瑜得知消息后，立即从外地带兵前来奔丧，留在吴郡孙权身边任中护军。这时，他手握重兵，用君臣之礼对待孙权，同长史张昭共同掌管军政大事。

曹操在官渡之战打败袁绍后，志得意满，欲统一全国，便下书责令孙权，让其把儿子送去做人质。孙权召集群臣会商，大臣们众说纷纭，不能决断。孙权本意虽不想送人质，但由于没有得到强有力的支持，有些举棋不定。于是，他只带周瑜一人到母亲面前议定此事。周瑜立场坚定，坚决反对送人质，他给孙权分析利害说：“当年楚君刚被封到荆山的边上时，地方不够百里。他的后辈贤能，扩张土地，开拓疆域，在郢都建立根基，占据荆扬之地，直到南海。子孙代代相传，延续九百多年。现在将军您继承父兄的余威旧业，统御六郡，兵精粮足，战士们士气旺盛。而且，铸山为铜，煮海为盐，人心安定，士风强劲，为何要送质于人呢？人质一到曹操手下，我们就不得不与曹操相呼应，也就必然受制于曹氏。那时，我们所能得到的最大利益，也不过就是一方侯印、十几个仆人、几辆车、几匹马罢了，哪能跟我们自己创建功业，称孤道寡相提并论呢？为

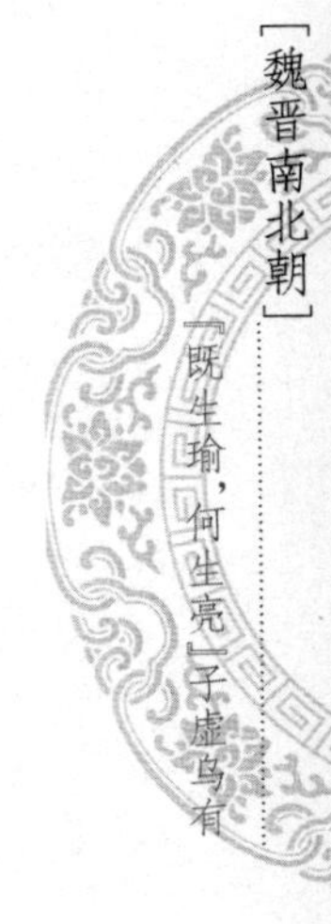

今之计，最好是不送人质，先静观曹操的动向和变化。如果曹操能遵守道义，拯救天下，那时我们再归附也不晚；如果曹操骄纵，图谋生乱玩火必自焚，将军您只要静待天命即可，为何要送质于人呢?”

周瑜这番话得到了孙权内心的赞同。孙权的母亲当即说：“公瑾的话有道理，他比你哥哥只小1个月，我一向把他当儿子对待，你该把他当成兄长才是。”于是，在周瑜的大力支持下，孙权否决了曹操。

不仅如此，周瑜还拒绝了曹操一方的收买。据《江表传》记载，当时曹操想使周瑜为己所用，便派善于辩说的蒋干前去游说周瑜，　周瑜坚决地回绝了蒋干。对于孙氏，周瑜尽到了自己的忠心，践行了对孙策的诺言。

赤壁之战非亮功

在《三国演义》里，罗贯中将功劳全记在了诸葛亮的身上，然而真实情况却是周瑜起到了决定性的作用。

建安十三年（208年）秋天，曹操率军南侵，占领荆州，向孙权进逼。大军压境之际，孙权的大臣们出现了主和、主战两派，重臣谋士张昭和秦松更是支持投降曹操。

孙权无奈，便召回了周瑜问计。周瑜向孙权分析指出：曹军远途跋涉，疲惫不堪；天气寒冷，马没有草吃；北方人惯习陆战不擅水战，水土不服；马超、韩遂尚在关西，为曹操的后患。既而进一步又认为，来自中原的曹军不过十五六万，而且所得刘表新降的七八万人，人心并不向曹。孙权感叹道：“这是老天把你赐给我了，子布、文表等人各怀私心，只有你和子敬二人的意见与我相同啊!”

经过周瑜的打气，孙权最终下定决心，拔剑砍掉桌子一角，说：“再有敢说投降的人，就像这张桌子一样！”

随后，孙权命周瑜及程普等领3万人抗曹，途中在赤壁两军相遇，曹军中因有疾病，又不习水性，初战便败退，曹操引军至江北。周瑜便与刘备军在南岸设营，双方对峙。周瑜决定用火计将曹军打败，命黄盖诈降。曹操果然中计，船舰全被烧毁，败将曹操无奈北还南郡，自此三国鼎立之势渐成。火烧曹营，压根就和诸葛亮没多大关系，罗贯中却硬生生将功劳夺去，无偿加到了半神半人的诸葛亮身上，这是多大的不公呢。

心胸宽阔非小肚鸡肠

除了火烧赤壁是周瑜的功劳外，在《三国演义》中罗贯中还写周瑜气量狭小，最后大叫三声“既生亮，何生瑜”后被诸葛亮活活气死。这又是谬传，真实的周瑜却是一个心胸宽广之人。

据史料记载，周瑜“性度恢廓”，又大公无私。东吴很多杰出的人才如张昭、鲁肃都是他竭力推荐做官的。当时，周瑜每推荐一个人，就都说该人才学胜过他十倍，堪大用。许多人因此十分敬佩尊重周瑜。但是有一个人例外，他就是东吴老将程普。因为资历老而位居周瑜之下的程普，一直不服气，经常当众侮辱他，但周瑜从来“折节容下，终不与较”。

经过多次交锋，周瑜主动降低身价示弱，程普也被感动了，他对人感叹：“与公瑾交往，如饮醇醪，不觉自醉。”这有点类似于蔺相如和廉颇的故事，因为蔺相如的宽宏姿态，让老将廉颇最后心甘情愿负荆请罪。

然而，就是这样一位既有才华，又宽宏大度的天才，却遭天妒。

在征伐益州赶回驻地江陵时，周瑜不幸得了重病，最终卒于巴丘，时年36岁。孙权听闻后大为痛哭："公瑾有王佐之资，然而寿命短促，我还能依赖什么呢?"又亲自穿上丧服为周瑜举哀，感动左右。这有点类似于曹操悲哭郭嘉一样，两位天才都十分短命。郭嘉37岁病死，周瑜36岁，两个天才是多么相似呢。

江淹："江郎才尽"是一个伪命题

自小读书以来，无论是老师还是前辈，均会讲到"江郎才尽"一词，江淹的故事也成为鞭策天才们不要懒惰、永不停歇而奋进的案例。然而，历史上真实的江淹到底是什么样子，他是真的才尽了吗？笔者翻阅史料，却认为江淹大咖并非才尽，而是已完成了文学创作的使命，无暇舞文弄墨罢了。

本是富贵命　孤贫少采薪

南朝宋元嘉二十一年（444年），旷古闻名的大才子江淹，出生在宋州济阳考城民权县，也就是今天的河南省商丘市民权县一个叫程庄镇的地方。他的父亲江康之是南沙令，具备一定的才华。从某种意义上说，江淹算是一个"文二代""官二代"，从小遗传了良好的文学基因。自身条件好，又加上勤奋好学，江淹6岁便能作诗，被时人称为神童，正如司马光、骆宾王一样。司马光儿时知道砸缸救小伙伴，骆宾王几岁就写出了《咏鹅》。

但很不幸，13岁时，江淹的父亲去世了，从此他只能跟母亲相依为命，生活渐渐贫寒。小小年纪的江淹无奈撑起这个家，他常常到山林中砍柴销售，换钱供养自己的母亲。13岁到20岁的这段日子，或许是江淹一辈子最为刻骨铭心的时段，其中的心酸和悲痛，我想常人是无法理解的。这有点类似于范仲淹，2岁时父亲就去世，母亲接着改嫁，自己还改了姓，寄人篱下过日子。要不是后来考上

了进士，范仲淹或许就淹没于芸芸众生了。

青春气自华　谨慎不自夸

不过，上天还是很眷顾江淹，在他20岁这年，命运开始有了起色和转变。由于从小努力刻苦又天赋突出，弱冠之年的江淹很快就名声远播，受到时人盛赞。当时，就有不少富豪贵族请他当私塾教师。这一点类似于年轻时的蒲松龄，被相邻豪门聘请为管家和教师一样。江淹只不过比蒲松龄前辈早了些而已。那么，聘请江淹的是谁呢？这个人可不简单，他是宋始安王刘子真。江淹应聘后，主要教他读五经。四书五经在古代作为必读科目，类似于当前的教科书。有了第一份工作，江淹的日子改善起来，他再也不用拖着单薄的身子去山上砍柴。有了工资后的他，也让自己的母亲改善了生活。

然而，好运并没有就此打住。在刘子真家没干多久，江淹就被另外一个贵族看上了，他就是新安王刘子鸾。这个贵族和刘子真都是一家人，“王爷”级的贵族。不过，这次江淹并不是当教师，而是成为幕僚，正式进入政府机关，踏上了仕途，当上了一名“公务员”。谨慎小心的江淹从此改变了境遇，开始朝着自己的梦想前进。

惊风不起浪　文坛璀璨光

虽然江淹才华横溢，又谨小慎微，但在仕途上早期并不得志。特别是泰始二年（466年），江淹在转入建平王刘景素帐下担任幕僚时，他受广陵令郭彦文案牵连，被诬受贿入狱，在狱中上书陈情获释。

然而，刚从牢里出来没多久，他的主公刘景素却密谋叛乱，一向有忠君思想的江淹对其多次谏劝，但是倔强的刘景素一直未曾采纳，还将江淹贬为建安吴兴县令。

老子有一句话说："福兮祸之所伏，祸兮福之所倚。"虽然江淹被贬到了浙江省湖州市吴兴区，官职降了，离庙堂远了，但江淹许多灿烂的文学作品，均是在此期间创作。他在赶往吴兴途中，写了第一篇千古奇文《别赋》。原文如下：

黯然销魂者，唯别而已矣！况秦吴兮绝国，复燕赵兮千里。或春苔兮始生，乍秋风兮暂起。是以行子肠断，百感凄恻。风萧萧而异响，云漫漫而奇色。舟凝滞于水滨，车逶迟于山侧。棹容与而讵前，马寒鸣而不息。掩金觞而谁御，横玉柱而沾轼。居人愁卧，怳若有亡。日下壁而沉彩，月上轩而飞光。见红兰之受露，望青楸之离霜。巡层楹而空掩，抚锦幕而虚凉。知离梦之踯躅，意别魂之飞扬。

故别虽一绪，事乃万族。至若龙马银鞍，朱轩绣轴，帐饮东都，送客金谷。琴羽张兮箫鼓陈，燕、赵歌兮伤美人，珠与玉兮艳暮秋，罗与绮兮娇上春。惊驷马之仰秣，耸渊鱼之赤鳞。造分手而衔涕，感寂寞而伤神。

乃有剑客惭恩，少年报士，韩国赵厕，吴宫燕市。割慈忍爱，离邦去里，沥泣共诀，抆血相视。驱征马而不顾，见行尘之时起。方衔感于一剑，非买价于泉里。金石震而色变，骨肉悲而心死。

或乃边郡未和，负羽从军。辽水无极，雁山参云。闺中风暖，陌上草薰。日出天而曜景，露下地而腾文。镜朱尘之照烂，袭青气之烟煴，攀桃李兮不忍别，送爱子兮沾罗裙。

> 至如一赴绝国，讵相见期？视乔木兮故里，决北梁兮永辞，左右兮魄动，亲朋兮泪滋。可班荆兮憎恨，惟樽酒兮叙悲。值秋雁兮飞日，当白露兮下时，怨复怨兮远山曲，去复去兮长河湄。
>
> 又若君居淄右，妾家河阳，同琼珮之晨照，共金炉之夕香。君结绶兮千里，惜瑶草之徒芳。惭幽闺之琴瑟，晦高台之流黄。春宫閟此青苔色，秋帐含此明月光，夏簟清兮昼不暮，冬釭凝兮夜何长！织锦曲兮泣已尽，回文诗兮影独伤。
>
> 傥有华阴上士，服食还仙。术既妙而犹学，道已寂而未传。守丹灶而不顾，炼金鼎而方坚。驾鹤上汉，骖鸾腾天。暂游万里，少别千年。惟世间兮重别，谢主人兮依然。
>
> 下有芍药之诗，佳人之歌，桑中卫女，上宫陈娥。春草碧色，春水渌波，送君南浦，伤如之何！至乃秋露如珠，秋月如圭，明月白露，光阴往来，与子之别，思心徘徊。
>
> 是以别方不定，别理千名，有别必怨，有怨必盈。使人意夺神骇，心折骨惊，虽渊、云之墨妙，严、乐之笔精，金闺之诸彦，兰台之群英，赋有凌云之称，辨有雕龙之声，谁能摹暂离之状，写永诀之情着乎？

《别赋》以浓郁的抒情笔调，以环境烘托、情绪渲染、心理刻画等艺术方法，通过对成人、富豪、侠客、游宦、道士、情人别离的描写，生动具体地反映出齐梁时代社会动乱的侧影。赋的开头，用“黯然销魂者，唯别而已矣”一句总写，以精警之句，发人深省，接着写各种类型的离别，表现出“别虽一绪，事乃万族”，既写出分离之苦的共性，也写出不同类型分别的个性特点，最后总结出“别方不定，别理千名，有别必怨，有怨必盈”。他指出分别的痛苦“使人意夺神骇，心折骨惊”，指出任何大手笔也难写离别之深情，言尽而意不尽。全赋用骈偶的句式，绘声绘色，语言清丽，声情婉谐，千百年来，脍炙人口，具有极高的艺术价值。

在吴兴的日子，江淹切身地体验了生活，认识了仕途的险恶与无奈，此段经历给他的文学创作带来一笔宝贵的财富，许多文学作品均在被贬期间创作完成。

比如在他从吴兴回京的路上，他又写了令他声名鹊起的《恨赋》。原文如下：

试望平原，蔓草萦骨，拱木敛魂。人生到此，天道宁论？于是仆本恨人，心惊不已。直念古者，伏恨而死。

至如秦帝按剑，诸侯西驰。削平天下，同文共规，华山为城，紫渊为池。雄图既溢，武力未毕。方架鼋鼍以为梁，巡海右以送日。一旦魂断，宫车晚出。

若乃赵王既虏，迁于房陵。薄暮心动，昧旦神兴。别艳姬与美女，丧金舆及玉乘。置酒欲饮，悲来填膺。千秋万岁，为怨难胜。

至如李君降北，名辱身冤。拔剑击柱，吊影惭魂。情往上郡，心留雁门。裂帛系书，誓还汉恩。朝露溘至，握手何言？

若夫明妃去时，仰天太息。紫台稍远，关山无极。摇风忽起，白日西匿。陇雁少飞，代云寡色。望君王兮何期？终芜绝兮异域。

至乃敬通见抵，罢归田里。闭关却扫，塞门不仕。左对孺人，顾弄稚子。脱略公卿，跌宕文史。赍志没地，长

怀无已。

及夫中散下狱，神气激扬。浊醪夕引，素琴晨张。秋日萧索，浮云无光。郁青霞之奇意，入修夜之不旸。

或有孤臣危涕，孽子坠心。迁客海上，流戍陇阴，此人但闻悲风汩起，血下沾衿。亦复含酸茹叹，销落湮沉。

若乃骑叠迹，车屯轨，黄尘匝地，歌吹四起。无不烟断火绝，闭骨泉里。

已矣哉！春草暮兮秋风惊，秋风罢兮春草生。绮罗毕兮池馆尽，琴瑟灭兮丘垄平。自古皆有死，莫不饮恨而吞声。

《恨赋》全文总共405字，通过对秦始皇、赵王迁、李陵、王昭君、冯衍、嵇康这六个历史人物各自不同的恨的描写，来说明人人有恨，但恨各不同的普遍现象。它是六朝抒情骈赋中的名篇，细致概括了人世间各种人生幽怨与遗恨，不愧为通贯古今、天下第一之《恨赋》。

闻名达四海　仕途突飞进

宋顺帝昇明元年（477年），齐高帝萧道成执政，高帝对声名鹊起的江淹早有所闻，于是将其自吴兴召回，并任为尚书驾部郎、骠骑参军事，大加重用。自此，江淹在仕途上开始了通达生涯。

没过多久，荆州刺史沈攸之作乱，高帝萧道成问江淹：“天下纷纷若是，君谓何如？”淹对曰：“昔项强而刘弱，袁众而曹寡，羽号令诸侯，卒受一剑之辱，绍跨蹑四州，终为奔北之虏。此谓‘在德不在鼎’。公何疑哉？”帝曰：“闻此言者多矣，试为虑之。”淹曰：

"公雄武有奇略，一胜也；宽容而仁恕，二胜也；贤能毕力，三胜也；民望所归，四胜也；奉天子而伐叛逆，五胜也。彼志锐而器小，一败也；有威而无恩，二败也；士卒解体，三败也；搢绅不怀，四败也；悬兵数千里，而无同恶相济，五败也。故虽豺狼十万，而终为我获焉。"帝笑曰："君谈过矣。"没想到，第二年沈攸之果然战败自杀身亡，江淹也因此而甚得齐高帝赏识。这有点类似于当年曹操的谋士郭嘉，当众人都认为袁绍兵强曹军无法取胜时，而郭嘉却认为曹操有十胜。江淹的五胜论得到了高帝的大为赞扬，他的才华也进一步得到了萧道成的认可。

四朝居高位　无暇做文章

之后，齐高帝萧道成多次提拔江淹。建元初，高帝又任命江淹为骠骑豫章王记室，带东武令，参掌诏册，并典国史，迁中书侍郎。永明初，迁骁骑将军，掌国史。出为建武将军、庐陵内史。视事三年，还为骁骑将军，兼尚书左丞。齐少帝萧昭业即位，江淹任御史中丞。明帝萧鸾时，他又任宣城太守、秘书监诸职。梁武帝萧衍代齐后，江淹官至金紫光禄大夫，封醴陵侯。梁天监四年（505年），江淹去世，时年62。葬在故里江集村东北约6千米处（今民权县李堂乡岳庄村西），梁武帝为他素服举哀，谥曰宪伯，可见其尊宠少有人比。

诚然，江淹官居高位后，便很少写文章，于是后世的许多学者就将江淹作为"江郎才尽"的典型，以警示后者，但笔者认为江淹并未才尽，而有他自己的原因。因为，在南北朝时，已到晚年的江淹侍奉梁武帝，他或许不敢以文才凌驾于帝王之上，便借一个梦宣布自己"才尽"，希望避开政治漩涡，保全自身。这可能是"明哲保身”的由头吧。这个梦，许多史书上均有记载，或许是文学手法，不可全信。据《诗品》介绍，江淹有一天晚上梦见一个人，自称是郭璞（晋代文学家），他对江淹说道：“我有一支五色彩笔留在你处已多年，请归还给我吧！”江淹便从怀中取出，还给了那梦中人。其后他写的文章就日见失色。时人谓之才尽，于是便有“江郎才尽”一说。

当然，笔者还认为，由于身居监督要职，自身必须不能被人说闲话，而文章最容易引起非议。大宋年间，苏东坡写了几首诗，就被人诬告讥讽改革，不幸被关进大牢。江淹在任御史中丞时，他的职责是监督别人，又因为他“为官清正、不避权贵”，于是忍痛罢笔，希望做好官职本分。

另外，笔者查阅史料，也发现几件事可以证明江淹并未才尽。比如，在齐东昏侯永元年间，崔慧景拥兵造反，围困京城，士族官僚纷纷投身于叛军门下，只有江淹称病不往，最终崔慧景战败。后来，萧衍又率兵起义，士族官僚有前车之鉴，人人安之若素，而江淹却脱去官服，赶去投奔。萧衍获胜称帝，江淹得到重用。此两件事，足以证明江淹是有足够的才华和智慧，只是基于一些特殊原因，他不愿意再创作罢了。

唐朝

崔颢：令李白甘拜下风的天才诗人

在中国古代文坛的历史竹简中，李白毫无疑问为天下第一大诗人，其在诗坛的地位就像皇冠上的珍珠，耀眼千秋，熠熠生辉。但是，在历史上有这么一位特殊的天才诗人，他令李白也自叹弗如，捶胸顿足。当年，李白游览湖北黄鹤楼时，对大美秀色正想赞美，却看见墙上崔颢题写的《黄鹤楼》，顿时捶胸叹息："眼前有景道不得，崔颢题诗在上头。"能让诗仙搁笔，可见崔颢此诗的力量多么强大。那么，崔颢这个人到底有什么故事，他的人生经历又如何？请随笔者一起走进耀眼璀璨的大唐。

献诗太守李北海　不料当头遭一棒

崔颢的出生地在汴州，离京城长安有数千里地。那么，这个汴州到底是什么地方呢？它就是赫赫有名的开封市，尽管后来在宋朝成为开国首都，但在唐朝时十分偏僻。虽然从小生活的地方不太有名，但一点也没影响崔颢的写作名声。

由于天资聪慧，又刻苦努力，崔颢的诗名很快传播了出去，成为北方小有名气的少年诗人。当时，北海太守李邕，听说有个年轻人崔颢很有才华，便想当面见一见他。这个李邕在唐朝很有名望，是负有盛名的书法家，其父李善，还为《文选》（梁萧统编选）作注。由于能书善文，许多中朝衣冠以及寺观常以金银财帛作酬谢，请李邕撰文书写碑颂。李邕当时得到的润笔费十分可观，这让他非常富有。不仅享有盛名，李邕还特别讲义气，爱惜英才，常用家资拯救孤苦，周济他人。听闻崔颢的名声后，李邕便仔细打扫干净住房，发了请帖，“虚室以待”，以召见崔颢这位年轻才子，可见其重视程度。

崔颢得知大名鼎鼎的书法家、地方长官李邕要见自己，心里还是有一些激动，便精心打扮了一番，拿着自己的诗稿去面见这位太守（北海市市长）。相见时，李邕十分客气，亲自送茶，准备愉悦地与崔颢聊谈人生。这时，崔颢也礼节性地从自己的袖袋中抽出了近作，递给了文坛兼政坛大咖李邕。李邕捧在手里，轻轻翻开诗卷开始认真阅读，哪知刚读到开头两句“十五嫁王昌，盈盈入画堂”，脸色骤变，勃然喝道：“小儿无礼”，随即“不予接而去”。看着李邕拂袖而去的背影，年少的崔颢不知所措，心里既惊诧又失落，随后便怅然离开了太守府。

那么，崔颢递给李邕的这首诗到底是什么呢？原来，诗名叫《王家少妇》，内容如下：“十五嫁王昌，盈盈入画堂。自矜年正少，复倚婿为郎。舞爱前溪绿，歌怜子夜长。闲时斗百草，度日不成妆。”其实，笔者看来这首诗并没有多少淫秽之处，只不过遇到了思想传统、作风正派的李北海，而显得不一样了。从这一点看，崔颢的运气赶不上白居易和朱庆馀。朱庆馀当年给水部员外郎张籍献了一首七绝《上张水部》：“洞房昨夜停红烛，待晓堂前拜舅姑。妆罢低声问夫婿，画眉深浅入时无。”他把自己比作新娘子，把张籍比作公婆，得到了张籍的大为赏识，从此到处推荐朱庆馀，使其名声大振。从内容上看，朱庆馀这首诗更出格，更淫艳，只不过遇到的伯乐不同，境遇就大不一样了。大诗人白居易年轻时也给当时的文坛大咖顾况献诗《赋得古原草送别》：“离离原上草，一岁一枯荣。野火烧不尽，春风吹又生。”顾况看后大为惊奇，拍案叫绝，马上郑重地说："能写出如此的诗句，白居也易！"从此，在顾况的吹捧下，白居易诗名远播，仕途一帆风顺。因此，相比而言，年少时的崔颢是个不幸的诗人，他未能遇到真正欣赏自己的伯乐。当然，最主要的一点还得怪崔颢自己，他没有对李邕做前期调查和了解，比如李太守的爱好及习惯等。

青春正好中进士　四处漂泊路茫茫

然而，崔颢终归是才华横溢，谁也无法阻挡他的步伐。不到20岁的崔颢，离开河南老家，远赴千里之外的长安科考，并一举高中进士。不过，他中进士的时间，历史学界有几种说法。宋朝学者陈振孙在《直斋书录解题》卷十九内注："唐司勋员外郎崔颢开元十年进士。"元朝辛文房《唐才子传》说他"开元十一年源少良下及进士第"，明正德十年刻《崔颢诗集》则注"开元十二年姚重晟下进士"。但不管哪一年，崔颢中进士时依旧很年轻，在18岁至20岁之间，和唐代的王维、宋代的苏东坡都是年少有成。

虽然年少成名，20岁不到又喜中进士，但因为得不到有力人士的推介，崔颢只好远离京城长安四处漂泊，前后长达20年。在此期间，他足迹遍及大江南北，自淮楚而至武昌、河东，最后还到了东北。或许，这20年，他一直在外地为官，或做幕僚，或为属官。其中的漂泊之苦，渺茫之感，无奈而心伤。一句俗语叫"朝中有人好做官，朝中无人倍心酸"，崔颢没有后台，无奈四处漂泊。

老子说，福兮祸之所伏，祸兮福之所倚。或许，正是因为这长达20年的漂泊不定才让他的诗风大变，曾经的言情诗少了，雄浑奔放的力作不断涌现。其边塞诗如《古游侠呈军中诸将》："少年负胆气，好勇复知机。仗剑出门去，孤城逢合围。杀人辽水上，走马渔

阳归。错落金锁甲，蒙茸貂鼠衣。还家且行猎，弓矢速如飞。地回鹰犬疾，草深狐兔肥。腰间带两绶，转眄生光辉。顾谓今日战，何如随建威。”再比如《辽西作》：“燕郊芳岁晚，残雪冻边城。四月青草合，辽阳春水生。胡人正牧马，汉将日征兵。露重宝刀湿，沙虚金鼓鸣。寒衣著已尽，春服与谁成。寄语洛阳使，为传边塞情。”这些诗歌颂了戍边将士的勇猛，抒发了报国赴难的豪情壮志，热情洋溢，风骨凛然，让人刮目相看。

黄鹤楼上写佳句　诗仙李白长太息

虽然年少时遭遇了李邕的打击，喜中进士后仕途又未能如意，崔颢却没有因此而消沉，反而更加努力，作诗刻苦用功。据元代学者辛文房《唐才子传》记载：“当病起清虚，友人戏之曰，非子病如此，乃苦吟诗瘦耳！”翻译成现代文就是，有一次崔颢大病初愈，朋友来探望他，见他清瘦的模样，叹息道：“你不是因为病成这样子的，而是因为刻苦作诗，才瘦成这样的！”

由于作诗刻苦，又天赋异禀，崔颢写的好诗很多，《全唐诗》收录了他的40余首诗歌，几乎首首均是经典，比如《长干曲四首》《川上女》《入若耶溪》，写边塞的诗歌《雁门胡人歌》《古游侠呈军中诸将》，古风《代闺人答轻薄少年》《长安道》《卢姬篇》《邯郸宫人怨》。其中《渭城少年行》一首，笔者认为特别有味道，不妨与各位共赏。

洛阳三月梨花飞，秦地行人春忆归。
扬鞭走马城南陌，朝逢驿使秦川客。
驿使前日发章台，传道长安春早来。

棠梨宫中燕初至，葡萄馆里花正开。
念此使人归更早，三月便达长安道。
长安道上春可怜，摇风荡日曲江边。
万户楼台临渭水，五陵花柳满秦川。
秦川寒食盛繁华，游子春来不见家。
斗鸡下杜尘初合，走马章台日半斜。
章台帝城称贵里，青楼日晚歌钟起。
贵里豪家白马骄，五陵年少不相饶。
双双挟弹来金市，两两鸣鞭上渭桥。
渭城桥头酒新熟，金鞍白马谁家宿。
可怜锦瑟筝琵琶，玉台清酒就倡家。
下妇春来不解羞，娇歌一曲杨柳花。

除了这首诗之外，崔颢最有名的诗歌当属《黄鹤楼》。传说李白壮年时到处游山玩水，在各处都留下了诗作。当他登上黄鹤楼时，被楼上楼下的美景引得诗兴大发，高亢激昂连呼“一忝青云客，三登黄鹤楼”，正想题诗留念时，忽然抬头看见楼上崔颢的题诗：“昔人已乘黄鹤去，此地空余黄鹤楼。黄鹤一去不复返，白云千载空悠悠。晴川历历汉阳树，芳草萋萋鹦鹉洲。日暮乡关何处是，烟波江上使人愁。”看到此诗，李白连称“绝妙、绝妙”，并当即念出“打油诗”来抒发感怀：“一拳捶碎黄鹤楼，一脚踢翻鹦鹉洲，眼前有景道不得，崔颢题诗在上头。”自此便搁笔不写黄鹤楼了。相传有个少年丁十八揶揄李白：“黄鹤楼依然无恙，你是捶不碎了的。”真是煞有介事，成为文坛一段趣事。

南宋严羽《沧浪诗话·诗评》认为：“唐人七言律诗，当以崔颢《黄鹤楼》为第一。”直至清人孙洙编选的《唐诗三百首》，也把崔颢的《黄鹤楼》放在“七言律诗”的首篇。沈德潜更是盛赞此诗“意得象先，神行语外，纵笔写去，遂擅千古之奇”。

艳诗并非只闺房　仕途曲折思故乡

在历代学者的研究中，对于崔颢颇有贬低之处，称其“有文无行”。比如旧版《辞源》在对崔颢的注释中就有“唐诗人，有文无行，终司勋员外郎”句。那么，他怎么个“无行”呢？有史料称：崔颢早期作诗“多写闺情，流于浮艳”，再称“娶妻唯择美者”。诚然，作诗流于浮艳，固然不好。但不能一棒子将其打死，人家后期的诗歌可是李白也自叹不如。再说“娶妻唯择美者”，谁心里敢说不喜欢美女呢。“爱美之心，人皆有之。”当然崔颢后来的“俄又弃之，凡四五娶”，就有点不厚道了。尽管古代流行三妻四妾，但休妻这样的事还是不够高尚，实为其人生一大硬伤。辞赋家司马相如后来遇到漂亮的茂陵女子，本要休掉才女卓文君，但最终也作罢，毕竟是迷途知返。年轻时的元稹玩了靓女薛涛又中途抛弃，但终究他们并未结婚，只能算谈了场恋爱。言归正传，崔颢在休妻这方面诚然做得有错，但是在诗歌的创作上确是天才之笔，的确值得后人学习与赏识。

另外，笔者阅读发现，从崔颢流传下来的40多首诗歌中，描写妇女的诗可分为一类，边塞诗和山水诗又可分为一类，赠言记事等诗可分为一类。其中，描写妇女的诗流传下来的有15首，这大概就是他“有文无行、名陷轻薄”的证据之一吧。比如《相逢行》中“女弟新承宠，诸兄近拜侯”句，明眼人一看便知崔颢影射的是杨贵妃及杨国忠。但从另一个角度看，说明崔颢“敢言敢恨”，在贵妃得宠、杨氏窃柄弄权时，大多数人隐忍而不发一言，而崔颢却写诗讽刺，其胆量非一般人可比。再比如《卢姬篇》中“人生今日得骄贵，谁道卢姬身细微”及《长安道》中“莫言炙手手可热，须臾火尽灰亦灭”等，更展现了崔颢针砭时弊、讽刺杨氏的大胆思想和前卫艺术。至于其他边塞诗，笔者前面已经做过介绍，就不必重复推崇了。

虽然崔颢跌宕一生，最终只当了太仆寺丞、司勋员外郎这样的官职（杜牧也曾任此职，被称为杜司勋），但这并不能掩饰崔颢在唐诗创作上的才华和贡献。令人遗憾的是崔颢自从20岁离开汴州去长安科考成功后，便很少踏上故乡的土地。在他所遗的诗篇中，只有一篇是写他回乡的。这首诗名叫《晚入汴水》：“昨晚南行楚，今朝北溯河。客愁能几日？乡路渐无多。晴景摇津树，春风起棹歌。长淮亦已尽，宁复畏潮波。” 从诗意看，崔颢对故乡虽有着浓烈的思念，但因四处漂泊，仕途茫茫，最终也只能走上飘摇的远方。

唐天宝十三年（754年），年仅50岁的崔颢去世，一代天才就像云层之上的明星，用他的诗歌光芒闪耀在中国文坛的天空。斯人虽已远去，但灿烂的诗篇依旧被人们记住。这是崔颢未曾想到的。或许，这也是一种宿命吧。

骆宾王：令武则天遗憾的天才文人

“鹅鹅鹅，曲项向天歌。白毛浮绿水，红掌拨清波。”提起这首诗，许多人早已耳熟能详，它是笔者求学时小学教科书中的一篇。写这首诗的作者，不是一般人，而是天下知名的“神童”骆宾王。那么，如此优秀的少年才俊，最后的命运如何呢？他是否又实现了自己的梦想？接下来，笔者将一一告诉您答案。

少年天才写古诗　一举成名天下知

骆宾王，约出生于贞观十二年（638年），去世于光宅元年（684年），活了大概46岁。之所以取这个名字，大概是因为《易经》中观卦有“观国之光，利用宾于王”之缘故吧。骆宾王的籍贯为浙江省义乌县，其父当过青州博昌县令。他有一点与杜甫相似，均是县令的儿子，算是生活在小康富裕之家，也是个地方“官二代”。但是，骆宾王运气不好，还未成年，其父就病死在任上。从今天的眼光看，骆宾王的父亲是个优秀的公务员，任劳任怨，将自己的青春和才华都奉献给了大唐的事业，最终倒在了工作岗位上，或许还应被评为“全国先进工作者”。父亲去世后，骆宾王一家的日子就艰难起来，过得窘迫而贫寒。

庆幸，骆宾王是天才，七岁能诗，号称“神童”，《咏鹅》就是此时所作。因为有了《咏鹅》诗，骆宾王一举成名天下知。虽然家境贫寒，但年纪轻轻，他就找到了第一份工作。650年，年仅12岁的骆宾王就受皇亲贵族道王李元庆之邀，面见时道王叫他陈述才能，骆宾王耻于自炫，辞不奉命。没过多久，骆宾王还是被朝廷拜为奉礼郎，做了东台详正学士的官。之后，他在多地任小官，漂泊流浪，这样的日子，大概持续了15年。骆宾王又命运多舛，其间因事被谪，从军西域，久戍边疆。后入蜀，居姚州道大总管李义军幕，平定蛮族叛乱，当时对外的文檄多出骆宾王之手。

在蜀时，骆宾王与“初唐四杰”之一的卢照邻很熟悉，两人常常寄诗唱酬。这一点类似于元稹和白居易，两人也是写诗唱和，被时人称为“元白”。这大概就是文坛中常说的惺惺相惜吧。

仕途不顺又下狱　一怒冲冠撰檄文

为官期间，骆宾王虽才华横溢，终究不曾被帝王赏识，官职一直未能得到提升。仪凤三年（678年），他调任武功主簿、长安主簿（相当于西安市委秘书长），又由长安主簿入朝为侍御史。

上任侍御史后，骆宾王常常上书，针砭时弊，因此得罪了当朝权贵，被治罪入狱。骆宾王非常悲伤，在狱中愤懑郁闷，遂写了千古名篇《在狱咏蝉》，内容为：“露重飞难进，风多响易沉。无人信高洁，谁为表余心？”此诗通过秋蝉抒发自己的悲愤和无奈。第二年，骆宾王遇赦得释，没多久便出任临海县丞（临海副县长），后世称骆临海。骆宾王经历了这一次打击，对朝廷失去了信心，一气之下便弃官游览广陵，作诗明志：“宝剑思存楚，金椎许报韩。”

又过了三四年，武则天废中宗自立，当年9月，徐敬业（即李敬业，李勣之孙）在扬州起兵声讨。正在游览的骆宾王，被邀为徐府属，任为艺文令，掌管文书机要。这一职位相当于是徐敬业的材料组组长和鼓吹手。

在徐敬业的鼓动下，又加上曾经蒙冤入狱的愤懑，骆宾王未曾推辞，就起草了著名的《为徐敬业讨武曌檄》，其辞慷慨激昂，气吞山河。当武则天读到“一抔之土未干，六尺之孤何托”，惶然问：“谁为之？” 或以宾王对，武则天感叹曰：“宰相安得失此人？”此文受到武则天的大为赏识，对宰相未能用其才而感到遗憾。全文如下，不妨与各位共赏。

为徐敬业讨武曌檄

伪临朝武氏者，性非和顺，地实寒微。昔充太宗下陈，曾以更衣入侍。洎乎晚节，秽乱春宫。潜隐先帝之私，阴图后房之嬖。入门见嫉，蛾眉不肯让人；掩袖工谗，狐媚偏能惑主。践元后于翚翟，陷吾君于聚麀。加以虺蜴为心，豺狼成性。近狎邪僻，残害忠良。杀姊屠兄，弑君鸩母。神人之所共嫉，天地之所不容。犹复包藏祸心，窥窃神器。君之爱子，幽之于别宫；贼之宗盟，委之以重任。呜呼！霍子孟之不作，朱虚侯之已亡。燕啄皇孙，知汉祚之将尽。龙漦帝后，识夏庭之遽衰。

敬业皇唐旧臣，公侯冢子。奉先帝之成业，荷本朝之厚恩。宋微子之兴悲，良有以也；袁君山之流涕，岂徒然哉！是用气愤风云，志安社稷。因天下之失望，顺宇内之推心。爰举义旗，以清妖孽。

南连百越，北尽三河；铁骑成群，玉轴相接。海陵红粟，仓储之积靡穷；江浦黄旗，匡复之功何远！班声动而北风起，剑气冲而南斗平。喑呜则山岳崩颓，叱咤则风云变色。以此制敌，何敌不摧？以此图功，何功不克？

公等或居汉地，或协周亲；或膺重寄于话言，或受顾命于宣室。言犹在耳，忠岂忘心。一抔之土未干，六尺之孤何托？倘能转祸为福，送往事居，共立勤王之勋，无废大君之命，凡诸爵赏，同指山河。若其眷恋穷城，徘徊歧路，坐昧先几之兆，必贻后至之诛。请看今日之域中，竟是谁家之天下！

兵败逃亡四海地　后生有幸见一回

684年11月，徐敬业兵败被杀，骆宾王下落不明。此事出处在《新唐书》，书中记载他“亡命不知所之”。

元代学者辛文房《唐才子传》更有详细记载：“骆宾王及败亡命，不知所之。后宋之问贬还，道出钱塘，游灵隐寺，夜月，行吟长廊下，曰：‘鹫岭郁岧峣，龙宫隐寂寥。’未得下联。有老僧燃灯坐禅，问曰：‘少年不寐，而吟讽甚苦，何耶？’之问曰：‘欲题此寺，而思不属。’僧笑曰：‘何不道楼观沧海日，门对浙江潮。’之问终篇曰：‘桂子月中落，天香云外飘。扪萝登塔远，刳木取泉遥。云薄霜初下，冰轻叶未凋。待入天台寺，看余渡石桥。’僧一联，篇中警策也。迟明访之，已不见。老僧即骆宾王也。传闻桴海而去矣。后，中宗诏求其文，得百余篇及诗等十卷，命郗云卿次序之，及《百道判集》一卷，今传于世。”

这段话翻译成现代文的意思就是，骆宾王当年随徐敬业叛乱失败后不知所踪，后来有一个大才子宋之问被贬后夜宿灵隐寺，看到眼前美景想做一副对联，却苦于思路不畅，久久未曾做出。这时，刚好有一位老僧人帮他想了一句“楼观沧海日，门对浙江潮”，对仗工整，气象高远，令宋之问折服，惊问到底何人。寺庙熟悉内情的僧人就告诉宋之问，他就是大名鼎鼎的骆宾王。但是第二天，宋之

问想继续请教骆宾王时，其人却不知所踪，传闻过海去了。

不过，虽然骆宾王仕途一直不顺，后因叛乱逃亡，但大唐对其还算仁义。在中宗时，朝廷就曾下诏全国，收集骆宾王的诗文共百余篇，由政府出资印刻了一本《骆宾王文集》，终于传到今世。这或许就是宿命吧，冥冥之中自有安排。正如李白诗云："古来圣贤皆寂寞，唯有饮者留其名。"

王勃：绝世天才，可叹英年早逝

在历朝文人墨客中，王勃当属最特别、最有才华的一位。曾有学者盛誉："如王勃不死，太白也为之侧目。"是的，在大唐历史上，如果非要找一位诗人与李白比天赋和才情，除了杜甫之外，王勃则是最接近的一位。"落霞与孤鹜齐飞，秋水共长天一色"一句就足以让其光照千古，名传后世，可惜英年早逝，令人无限悲伤。正如伟大领袖毛泽东评价王勃："这个人高才博学，为文光昌流丽，反映当时封建盛世的社会动态，很可以读。只可惜英俊天才，死得太早了！"

少年天才惊帝王　文章辞赋传四方

王勃，约出生于永徽元年（650年），字子安，汉族，古绛州龙门（今山西省河津市）人，自小生活在儒学世家。其祖父王通，隋末大学者、大教育家，曾任蜀郡（今四川省）司户书佐，蜀王侍读，后弃官，以著书讲学为业。从王通去世年代看，王勃从小就没有见过祖父。王勃的父亲王福畤，在唐朝时历任太常博士、雍州司功参军、六合交趾二县令、齐州长史。泽州长史等，撰有《王氏家书杂录》，也是一个颇有影响的文人。出生在这样的书香门第，官宦世家，王勃接受了良好的教育，又加上天资聪慧，6岁时就显示出少有的才能，擅作古诗，且诗文构思巧妙，词情英迈，被当时的文坛大咖杜易简称赞为"王氏三株树"之一。这还不算厉害，王勃年幼时又做出了惊人之举。在读完颜师古注的《汉书》后，王勃竟然撰写了《指瑕》十卷，一一列出了颜师古著作的错误之处，其博学多才怕当今的许多教授也无法比拟。10岁时，王勃已饱览六经。12岁至14岁时，王勃跟随曹元在长安学医，先后学习了《周易》《黄帝内经》《难经》等，对“三才六甲之事，明堂玉匮之数”有所知晓。

14岁的少年，不仅会作诗，还能搞学术，同时又懂医学，这不是天才是什么呢？663年，王勃回到家乡，撰写了《上绛州上官司马书》等文章，他希望学习李白，通过文章赢得君王的赏识，从而入仕为官。这一篇文章引起的反响不大，第二年王勃再接再厉，又上书刘祥道，直陈政见，并表明自己积极用世的决心，深得刘祥道赞赏“此神童也”！

之后，他又通过皇甫李常伯向唐高宗献《乾元殿颂》《宸游东岳颂》，借献“颂”以图仕进之意甚明。这一次他的献文得到了回应，唐高宗见此颂词，歌功颂德，词美义壮，文章雄迈，乃是未及弱冠的神童所为，惊叹不已：“奇才，奇才，我大唐奇才！”

自此，王勃的文名也为之大振，盛誉传扬四方。很快，他就应幽素科试及第，并被授为朝散郎，这时王勃才15岁，他也因此成为朝廷中最年少的命官。

命运坎坷多歧路　祸起天真《斗鸡赋》

王勃有一首诗《送杜少府之任蜀州》，其中一句：“无为在歧路，儿女共沾巾。”这首诗似乎真实刻画了王勃自己，虽然少年有名，又早进仕途，但他的命运颇多坎坷和歧路。

当上朝散郎后，经主考官的介绍，王勃担任沛王府修撰，并赢得沛王李贤的欢心。由于主仆关系很好，王勃经常和沛王一同出去游玩。沛王喜欢斗鸡，有一次与英王李哲相约战斗，作为下属的王勃为了助兴，便写了一篇《檄英王鸡》，以此讨伐英王的斗鸡。

本来是游戏之举，玩笑之文，却不料被小人将此文递传到了唐高宗手中。高宗大为恼火，勃然大怒：“歪才，歪才！二王斗鸡，王勃身为博士，不但不进行劝诫，反而作檄文有意虚构，夸大事态，立即把他逐出王府。”唐高宗认为此篇意在挑拨离间，钦命将他逐出长安。于是，王勃被逐。本以为通过自己的文采和苦心，打通了官场的道路，他却因一时的天真和冲动葬送了自己的前途。

然而，霉运并没有到此结束。咸亨二年（671年）秋冬，王勃从蜀地返回长安参加科选。他的朋友凌季友深知王勃懂医，便为他在虢州谋得一个参军之职。在任参军期间，有个叫曹达的官奴犯罪，王勃好心将罪犯藏匿起来，但后来又怕走漏风声，无奈杀死曹达，结果犯了死罪。幸而遇大赦，王勃未被处死。据新旧《唐书》所载，王勃此次惹祸，是因情才傲物，为同僚所嫉。官奴曹达一事，有人怀疑为同僚设计构陷王勃，或纯属诬陷。这有一定道理，文人亲手杀人，自古少之。想必王勃不会有此鲁莽之举。但不管怎样，经过这两件事，王勃在官场遭到了沉重的打击，之后他始终未曾振作起来。

千金难买一字空　滕王阁序传千古

逢上元二年（675年）重阳佳节，26岁的王勃去看望自己的父亲。路过洪州时，正遇南昌都督阎伯舆重建滕王阁，大摆宴席，邀请远近文人学士，共为滕王阁题诗作序，王勃刚好碰上，自然是其中宾客。

在宴会中，其他人冥思苦想，终不成。王勃却略微索思，便一挥而就写下著名的《滕王阁序》，随后又补上序诗："闲云潭影日悠悠，物换星移几度秋。阁中帝子今何在？槛外长江□自流。"诗中王勃故意空了一字，然后把序文呈上都督阎伯舆，便起身告辞。

阎大人看了王勃的序文，大为盛赞。读到最后，他又发现一个问题，后句诗中空了一个字，很是纳闷。作陪的文人雅士议论纷纷，有说可填"水"字，有说应补"独"字，但都不让人满意。无奈，大家又一致决定快马加鞭追赶王勃，请他把空了的字补上。步行的王勃很快就被追上，当听到来意后，其随从抢险说道："我家公子有言，一字值千金，望阎大人海涵。"

阎伯舆得知了情况，命人备好纹银千两，亲自率众文人学士，赶到王勃住处。王勃接过银子故作惊讶："何劳大人下问，晚生岂敢空字？"众人听了不知其意，有人便问道："那所空之处该当何解？"王勃笑道："空者，空也。阁中帝子今何在？槛外长江空自流。"众人听后一致称妙，阎官员也意味深长地说："一字千金，不愧为当今奇才！"

魂归南海别世去　徒令君王常叹息

大约在上元三年（676年）春夏，27岁的王勃到了交趾县，见到了他被贬僻壤的父亲王福畤，悲喜交加，涕泪泗流。但是，两人相聚的时间并没多久，王勃就又踏上了归途。当时正值夏季，南海风急浪高，天才王勃不幸溺水，惊悸而死。

当年冬，唐高宗读到了《滕王阁序》，当见有"落霞与孤鹜齐飞，秋水共长天一色"句，不禁拍案，惊道："此乃千古绝唱，真天才也。"接着又读下段，见一首四韵八句诗："滕王高阁临江渚，佩玉鸣銮罢歌舞。画栋朝飞南浦云，珠帘暮卷西山雨。闲云潭影日悠悠，物换星移几度秋。阁中帝子今何在？槛外长江空自流。”高宗一扫成见，连声叹道：“好诗，好诗！作了一篇长文字，还有如此好诗作出来，岂非强弩之末尚能穿七扎乎！真乃罕世之才，罕世之才！当年朕因斗鸡文逐斥了他，是朕之错也。”于是高宗问道：“现下，王勃在何处？朕要召他入朝！”太监吞吞吐吐答道：“王勃已落水而亡。”唐高宗喟然长叹，自言自语：“可惜，可惜，可惜！”

天才世少有，皇天却嫉之。绝顶优秀的王勃，还没能好好展示自己的才华，就不幸离开了人间，可悲可叹。学者郑振铎在谈到王勃诗歌对后代的贡献时，赞美说：“正如太阳神万千缕的光芒，还未走在东方之前，东方是先已布满了黎明女神的玫瑰色的曙光了。”他称赞王勃为盛唐诗歌的黎明女神。“女神”虽然美丽，但太过短暂，实为文坛一大憾事，令人无限悲伤。

王维：文人富贵者岂止高适

在文坛圈中流传着这样一句话，“文人富贵者仅有高适一人而已”。当我还是少年时对此坚信不疑。但后来随着阅历的增加，阅读量的增大，思想的渐趋成熟，我才慢慢对此观点产生怀疑。首先分析该言论来源，它出自后晋宰相赵莹主持编修的《旧唐书》，该书《高适传》云：“有唐以来，诗人之达者，唯适而已。”这仅仅只是赵莹个人的论断，一是赵莹本身是宰相，在他看来，所谓达者必封侯拜相；二是他眼中的诗人非李白、杜甫等一流不可；三其身处晋代，还不知宋后之事，于是才有了如此偏颇之结论，而后人断章取义，越传越邪乎了。如反驳，只需举初唐的上官仪、李峤，盛唐的张说、苏颋、张九龄，中晚唐的李德裕、李绅、牛僧孺等，他们都做到观察使、节度使，并入朝拜相，其中好几位还封为“国公”，怎能说不显达呢，更别说宋朝时的文坛大腕欧阳修、王安石、苏辙、晏殊等“宰相级”诗人了。再比如今天笔者给大家介绍的大诗人王维，依旧打破了文坛圈流行的观点。请随笔者一同细细品味。

翩翩少年才华显　一举成名中状元

701年的某一天，在河东蒲州（今山西省运城市）降生了一个男孩，刚出生时并没有什么异样的征兆，但是后来他成为大唐文学史上最灿烂的明星之一，他就是大名鼎鼎的“诗佛”王维。

王维的父亲王处廉做过汾州司马，但王维成年后的诗中很少提及自己的父亲，笔者猜测其父应该很早就去世了。尽管如此，王处廉却做过一件很重要的事，他学习“孟母三迁”，将自己的家迁到了蒲州，才让王维出生的环境稍微优越一些。王维的母亲是博陵崔氏，在当地属于名门望族。由于家庭环境较好，王维从小接受的教育比其他寒门子弟更为良好。王维幼年时，就与弟弟王缙一样聪明过人，才华早显，成为当地的神童。

15岁时，翩翩少年王维就赶去京城长安应试。因为不仅能写一手好诗，工于书画，还具备音乐天赋，所以王维一到京城，就立刻成为王公贵族的座上宾。即使与贵族有了往来，遇到了愿意帮助自己的贵人，但是打铁还需自身硬，王维也必须进行正规科考的流程，才能顺利进入仕途。

接下来的几年，王维开始在京东“活络”开来。在考试之前，王维听说当朝名士张九皋也打算科考，并拿到了一封太平公主写的推荐信，已呈给长安的主考官了。这时的王维很是焦急，他担心自己的名次会因此降低，便去找岐王想办法。这个岐王很有名，许多唐诗中都曾介绍过他，比如杜甫在《江南逢李龟年》中就云：“岐王宅里寻常见，崔九堂前几度闻。最是江南好风景，落花时节又逢君。”诗中的岐王就是王维要找的好朋友。

王维求助于自己，一向慷慨的岐王欣然应允，并当成自己的事一样尽心尽力，安排了一个局。他先让王维精心修饰打扮一番，可能正如当前的求职青年要面试一样，要去服装市场买一套西装，打上领带，顺带加一双“鳄鱼”牌皮鞋。王维应该也买了新衣服，体面地化了妆，忐忑不安地随着岐王去了太平公主的府上，以献酒乐的名义去拜访。在宴会上，王维演奏了一曲哀切的《郁轮袍》，让本就对王维外貌心生好感的公主非常高兴，也十分惊讶。早有计划的岐王，这时才趁机夸奖道：“眼前的这位书生，可不仅仅只通音律，

而且诗作当今无人能及。”公主听了更加惊讶，当即要了王维的诗作，当品读到《山居秋暝》一诗时，惊讶万分，这不是早读过吗？原来公主还是王维的读者和粉丝。她高兴地叫道：“我平时最爱这首诗了，还以为是古人佳作。没想到，作者就在眼前啊！”随后，公主立即请王维换上正装，坐到贵宾席，格外尊重，再也不把他当艺人了。

经过这次接触，王维想要考科举的事也不算事了。太平公主积极为王维“尽量使劲”，并将京兆府主考官招到府中，隆重推荐王维。自此，王维顺利地当上了解头，并在来年春天（731年）的省试中成功被点成状元，蜚声四方。

齐名好友孟浩然　推荐不力空遗憾

开元十九年（731年），20岁的王维状元及第，历官右拾遗、监察御史、河西节度使。唐玄宗天宝年间，王维拜吏部郎中、给事中等职。虽然身居高位，但王维依旧闲暇时乐于写诗，并参禅悟理，学庄信道，精通诗、书、画、音乐等，尤长五言，多咏山水田园，与孟浩然合称“王孟”，有“诗佛”之称。其书画特臻其妙，后人推其为南宗山水画之祖。苏轼评价其：“味摩诘之诗，诗中有画；观摩诘之画，画中有诗。”

虽然王维官运亨通，曾任节度使，但与他齐名的孟浩然终生仕途不顺，被称为“布衣诗人”。孟浩然是湖北襄阳人，青年时隐居在鹿门山一心写诗，40岁才选择出山。这时王维已名满天下，孟浩然便去拜访这位久仰的朋友，希望得到引荐。王维热情接待了孟浩然，并留其居住在自己府上，寻机向朝廷推荐。刚好有一次，孟浩然正与王维谈诗论道，唐玄宗李隆基忽然来了。由于孟浩然是布衣不能贸然面圣，便慌张地躲在床底下。唐玄宗与王维谈了一些政治事务之后，王维便实话告知玄宗孟浩然在自己家，并就在床底下。玄宗笑着说不妨，令孟浩然从床底下钻出来相见。玄宗让孟浩然献诗，孟浩然便将自己的代表作《岁暮归南山》呈上。诗云："北阙休上书，南山归敝庐。不才明主弃，多病故人疏。白发催人老，青阳逼岁除。永怀愁不寐，松月夜窗虚。"

唐玄宗看了"不才明主弃"这一句不大高兴，悻悻然说："岂有此理，你自己不来找我，怎么还能说我弃你呢！"孟浩然虽有诗才，却情急口吃，当时竟无法巧妙周圆，自此便与仕途绝缘了。这有点类似于柳永，因《鹤冲天》中一句："何须论得丧。才子词人，自是白衣卿相……忍把浮名，换了浅斟低唱。"他不以落榜为羞，倒将牢骚泼洒得铺天盖地。此词流传很广，竟被仁宗皇帝读到，便御批道："且去浅斟低唱，何要浮名？"于是，柳永和孟浩然一样，因为一首诗葬送了前程。

因为得罪了皇帝，王维也不敢再次冒上推荐，孟浩然在长安住了一阵，越觉仕途无望，加上自己的倔强个性，又不愿意做幕僚屈身于人，最后毅然返回襄阳去了。从此，大唐少了一个尚书，却成就了中国顶级的"田园诗人"。后来，孟浩然病逝，王维很是悲伤和内疚，便出钱替孟浩然营造坟墓，修建孟亭、画遗像、出诗集，似乎想以此弥补当年推荐不力的遗憾。

安史之乱名节丢　亦官亦隐万古愁

除了尽心当官建立功业外，王维还是一个懂得享受的人，他利用官僚生活的空余时间，在京城长安南边的蓝田山麓修建了一所别墅，名叫辋川山庄，以修养身心。该别墅原为初唐诗人宋之问所有，那是一座很宽阔的去处，有山有湖，有树有谷，其间散布着若干馆舍。《唐诗三百首》中选录的《积雨辋川庄作》就描写过这所别墅，诗云："积雨空林烟火迟，蒸藜炊黍饷东菑。漠漠水田飞白鹭，阴阴夏木啭黄鹂。山中习静观朝槿，松下清斋折露葵。野老与人争席罢，海鸥何事更相疑。"王维与他的知心好友平时就在这座别墅里过着悠闲自在、半官半隐的闲适生活。

然而，这样闲适的日子不久就被安史之乱打破了。756年，京城长安被叛军攻陷，王维被捕，被迫出任伪职，自此丢掉了名节。战乱平息后，王维被下狱，交付有司审讯。按理投效叛军当斩，但因他被俘时曾作《凝碧池》："万户伤心生野烟，百僚何日更朝天？秋槐叶落空宫里，凝碧池头奏管弦。"诗歌中抒发了亡国之痛和思念朝廷之情，才免于死刑。又因为其弟刑部侍郎王缙平反有功，又请求削籍为兄赎罪，王维才得宽宥，被降为太子中允，后兼迁中书舍人，官终尚书右丞。

虽然再次身居要职，但此时的王维已无心官场，选择归隐田园，常与裴迪等诗人同游，赋诗为乐，默默无闻地度过了余生。

诗如画卷传四海　三绝禅佛称地才

早年，王维积极为自己远大的政治抱负奋斗不息，但安史之乱后，他似乎看透了红尘，吃斋研究佛道，精神也逐渐消沉。《辋川闲居赠裴秀才迪》这首诗，似乎就是那段时间生活的写照。通过对裴秀才的劝诫以表达自己归隐不问世事的态度，诗中写景自然清新，如有淡远之境，大有渊明遗风。

上元二年（761年），一代大诗人王维逝世。临终时，他仍作书向亲友辞别。尽管人死不能复生，但王维的诗歌流传了下来，其成就鲜有人能比。无论边塞诗、山水诗，还是律诗、绝句，王维都有脍炙人口的佳篇。世有“李白是天才，杜甫是地才，王维是人才”之说，后人亦称王维为“诗佛”，此称谓不仅是言王维诗歌中的佛教意味和王维的宗教倾向，更表达了后人对他在唐朝诗坛崇高地位的肯定。钱锺书则将王维称为“盛唐画坛第一把交椅”，是文人画的南山之宗。杜甫也称他“最传秀句寰区满”。

笔者个人认为，王维诗虽不能与李、杜相提并论，但在艺术方面，确有其独特的成就与贡献。正如元代才子辛文房赞誉：“维诗入妙品上上，画思亦然。至山水平远，云势石色，皆天机所到，非学而能。”

李贺：呕心沥血写诗的“鬼才”

在当前的文学研究中，许多学者会提到一个流派，那就是西方魔幻现实主义，譬如为此而实践成功的文坛巨匠福克纳、马尔克斯等。然而，笔者认为他们似乎太过于“崇洋媚外”，否定了我们中国前人的文学探索。因为魔幻现实主义，并不是从西方而来，最早的起源当属于大唐“诗鬼”李贺，是他开创了魔幻现实主义的写作手法，为诗歌的创新与发展做出了巨大的贡献。那么，李贺到底是一个怎样的人物，他的人生又遭遇了什么挫折，请随笔者一同细细品读。

家道中落人清瘦　7岁作诗传九州

提起李贺这个人，他的家世可不简单，有着王族的血统。李贺的远祖是唐高祖李渊的叔父李亮（大郑王），属于唐宗室的远支。但是，到李贺父亲李晋肃时，却已世远名微，家道中落了，最后竟隐沦在昌谷（今洛阳宜阳县三乡）艰难度日。

这个李晋肃是谁呢，杜甫给我们提到过，他是杜老爷子的亲戚。

768年深秋，在湖北荆州市公安县的江汉平原上，大诗人杜甫拉着李晋肃的手“相看泪眼”，十分惆怅。因为杜甫外公的外公的八叔是李晋肃的先祖。按照辈分算来，两人是表兄弟。那么，李贺就是杜甫的表侄儿。当时，杜甫离开江汉平原后，还专门写了一首诗《公安送李二十九弟晋肃入蜀余下沔鄂》：“正解柴桑缆，仍看蜀道行。樯乌相背发，塞雁一行鸣。南纪连铜柱，西江接锦城。凭将百钱卜，飘泊问君平。”翻译成现代文的意思就是：“解掉那柴桑缆就要离开了呢，忍不住还要看一看四川的路。舍不得啊，舍不得啊，还是要我们的船吧。我们两人就要相背远离了。Goodbye！Goodbye！那天上的雁啊，也排成一行在悲鸣……”

40年后，也就是790年，在福昌县昌谷出生了一个天才，正是李晋肃的儿子，并取了一个最吉利的名字“李贺”，字长吉，希望他一生都吉祥。但没想到，这个希望并没有变为现实。不过，这孩子并不像李晋肃，只会写一些三流诗，而是雄姿英发，从杜甫的手中接过熊熊火炬，照耀了唐诗的辉煌之路。

言归正传。李贺对自己大唐皇室的高贵血统很是自豪，在他的诗歌里一再提起：“唐诸王孙李长吉”“宗孙不调为谁怜”“为谒皇孙请曹植”。他出身虽高贵，但毕竟家道中落了。李贺在自述家境时就说：“我在山上舍，一亩嵩硗田。夜雨叫租吏，春声暗交关。”（《送韦仁实兄弟入关》）李贺的母亲郑氏，生一女二子。家里日子不怎么样，可能相当于小富农。这点类似于三国时期的刘备，虽为皇室远亲，以刘皇叔自称，其实家道中落，就是个卖草鞋的。要不是猪肉销售商张飞变卖了家产，刘备也没有第一桶金，哪里还有后面的事呢。

由于没有王维、杜甫、李白等诗人的好家境，李贺从小因为营养不良，导致体形细瘦，但才思非常聪颖，7岁能诗，又擅长“疾书”。说到这里还有一个故事，《新唐书》记载，796年，文坛大咖韩愈、皇甫湜亲自到李贺家里造访，想见识一下这位文学神童的才华。当时，年仅7岁的李贺提笔迅疾写就《高轩过》一诗，内容为：“华裾织翠青如葱，金环压辔摇玲珑。马蹄隐耳声隆隆，入门下马气如虹。云是东京才子，文章巨公。二十八宿罗心胸，元精耿耿贯当中。

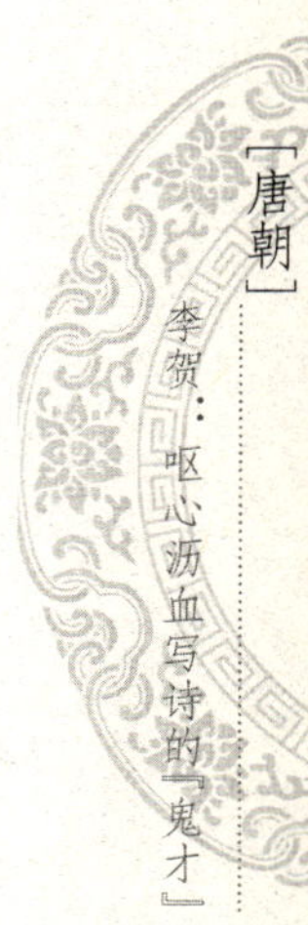

殿前作赋声摩空，笔补造化天无功。庞眉书客感秋蓬，谁知死草生华风？我今垂翅附冥鸿，他日不羞蛇作龙！”韩愈与皇甫湜大吃一惊，对其赞赏有加，李贺从此名扬九州。

写诗拜望韩大咖　少年天才不自夸

出名之后，李贺将大量时间和精力都花在了写诗上面。白天，他常常骑着驴儿在城乡之间自由溜达，就像当代的文艺家一样开着小车，到山间小溪处拍拍照，留留影，采采风。每想到一句好诗，李贺立即用纸写上，然后放进自己早已准备好的锦囊。到了夜里，回到家，李贺又急急忙忙从锦囊里掏出诗句仔细润色修改，真是焚膏继晷，刻苦异常。大诗人李商隐在其《小传》中就专门写了李贺：“恒从小奚奴，骑巨驴，背一古锦囊，遇有所得，即书投囊中，及暮归，太夫人使婢受囊出之，所见书多，辄曰：‘是儿要当呕出心乃已耳！’”由于天赋突出，又勤奋努力，贞元二十年（804年），15岁的李贺就已誉满京华，与当时的文坛大咖李益齐名，并称“二李”。

然而，大凡新人要名扬文坛奠定其崇高地位，一般都会去拜访大咖级的人物，李贺也不例外。正如当今的文坛新星郭敬明拜访老一辈大咖王蒙，受到后者推荐，修成正果，加入中国作家协会。正如边塞诗人杨牧去新疆拜访艾青，受到后者推荐，从此驰骋文坛。当时，文坛最牛的大师就是韩愈老爷子，其地位相当于当前的莫言、贾平凹等。而文坛最牛的“微信公众号”则叫“古文运动”，是一个拥有上百万粉丝的超级大V，其管理者和推动者就是大名鼎鼎的韩愈。除了身居要职，在文坛开创流派之外，韩愈闲暇时也写写软文。毕竟人家是大腕，出场费贵得要命。比如他给人写个墓志铭，收费动不动“马一匹，并鞍、衔及白玉腰带一条”，或是“绢五百匹”，值好几百贯钱。如果按当时的物价算，京城三品大官不算禄米和职田，月薪也就6贯钱，年薪也就72贯钱。韩愈一篇软文，就相当于人家几年的基本工资。

然而，就是这样一个文坛大咖，在“诗鬼”李贺的眼中却无比平常。虽然在心里不以为然，但李贺还是做了一些准备。毕竟人家韩大主席“日理万机”，除了处理日常公务外，还得操心着文坛的杂事，要见这样一位大咖，也不是说见就能见的。李贺想，不见则已，一见一定要惊人，于是他精心挑选了自己最得意的诗歌《雁门太守行》，到东都洛阳去拜谒韩愈，这一年李贺18岁。

来到韩愈的府邸，韩愈刚刚接待了一批粉丝。本来就已经很困乏了，这时他的仆人走进来报告说：“韩主席，有个年轻人要见您。”“太累了，让他明天再来……”韩愈有点不耐烦。“这个人，您曾经见过，是来投稿的。”仆人回答。“见过？”韩愈转念又想，自己每天接待粉丝，出席文坛活动，见过的人多了去了，本不稀奇。不过，既然他来投稿，就让他把稿子送进来吧。随即，韩愈脱掉正装，穿上睡衣，躺在椅子上开始看仆人递进来的稿子《雁门太守行》：“黑云压城城欲摧，甲光向日金鳞开。角声满天秋色里，塞上燕脂凝夜紫。半卷红旗临易水，霜重鼓寒声不起。报君黄金台上意，提携玉龙为君死。”

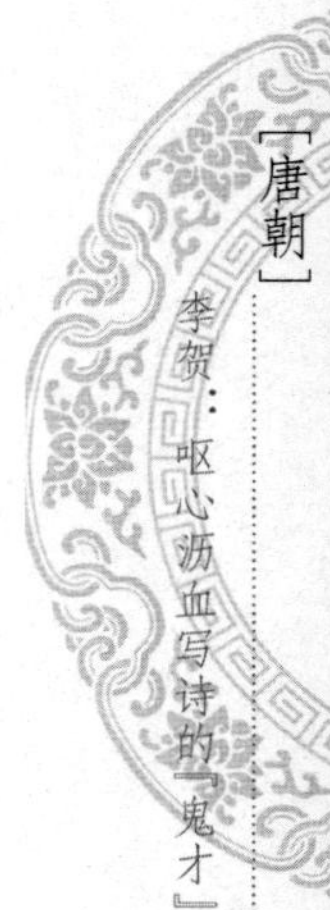

“呀，这是天才之作！”才读了几行，韩主席就激动地跳了起来，从来没有见过这样新鲜绝伦的句子，不比李白的浪漫，杜甫的沉郁，更不比王维的闲适，李贺的诗歌独创一派，天才笔法。他兴奋地大喊：“快去把那个年轻人给找回来。”

“是是，我去把那个人叫回来……”仆人说。

“我说的是李贺！给我投稿的李贺啊！”

不一会儿，仆人快马加鞭就把李贺叫了回来。网络大V见到了文坛新人李贺，他紧握着这个年轻人的手，郑重地说了短短几个字："长大了，真长大了。明天，我就在公众号给你弄个整版推送出去！"

仕途失意徒悲伤　魔幻诗歌咏故乡

有了韩愈的大力推荐外，李贺的名声大噪，在京城文坛圈成了炙手可热的人物。有了名气，自然会想着走进官场一展才华。李贺便开始精心准备科考。但是，哪里知道变故由此而来。正当他欲在科场大展身手时，他的父亲却不幸去世了。当时，服丧"务必以三年全期为限"，所以李贺只能带着悲痛的心情回到故乡。

在故乡的日子，看到日渐败落的家庭，李贺很是惆怅。姐姐嫁人了，弟弟到外打工谋生，家里只有他和老母亲相依为命。李贺又将自己的精力花在了写诗上面。在此期间，他曾谋到一个职位——奉礼郎，品级是从九品，相当于科长，低到不能再低。但就连这个位子，也因为身体太差，李贺没能坚持下去。

再加上，又有人向朝廷举报，称李贺的爸爸名叫"晋肃"，和"进士"谐音。李贺自己来考进士，就是不孝，是对父亲的极大侮辱，即使他父亲已经去世了。这个罪名看上去无厘头，但在唐朝是可以成立的。比如李白因为有一个矿老板的老爸，就不能参加科举考试，白居易因为爷爷叫"锽"，和"宏"字相近，所以他也就不能参加博学宏词科考试。李贺因为父亲叫"李晋肃"，所以也就不能考科举了。这一次告状，几乎将李贺的仕途判了死刑。

但是，李贺并没有死心。正如当年李白一样，虽然不能参加考试，李白却走了特招的道路。而李贺选择了另外一条道路，26岁的他选择了参军，希望建功立业走向政坛。

于是，李贺到了潞州参加平叛的军队，那里有一个叫张彻的人，正是韩愈的侄女婿。看在老丈人韩愈的面子上，张彻对青年诗人李贺格外关照，不仅用美酒款待，还让其帮助自己处理公文，参谋军事。他们“吟诗一夜东方白”，准备一起平叛，报效国家。然而，终因北方藩镇跋扈，分裂势力猖獗，叛乱越平越多，连主战派的宰相都被人当街暗杀，还破不了案。李贺所在的部队孤立无援，人员星散。张彻无奈回到长安。李贺无路可走，只得强撑病躯，回到了昌谷故居。

魔幻诗歌放光彩　传奇一生徒悲叹

回到昌谷后，李贺一直咳嗽，高烧不退，开始出现幻觉。他自知剩下的日子不多了，便开始整理自己的诗稿，但心中也有所不甘，写了一首《苦昼短》：“光飞光，劝尔一杯酒。吾不识青天高，黄地厚。唯见月寒日暖，来煎人寿。食熊则肥，食蛙则瘦。神君何在？太一安有？天东有若木，下置衔烛龙。吾将斩龙足，嚼龙肉，使之朝不得回，夜不得伏。自然老者不死，少者不哭。何为服黄金、吞白玉？谁似任公子，云中骑碧驴？刘彻茂陵多滞骨，嬴政梓棺费鲍鱼。”

在生命的弥留之际，李贺的诗歌中频繁出现鬼灯、秋坟、腐草、寒蟾、纸钱……这些，虽然看似凄恻，却从文学的角度开创了魔幻现实主义诗歌的流派。比如他怀念钱塘名妓的那篇《苏小小墓》：“幽兰露，如啼眼。无物结同心，烟花不堪剪。草如茵，松如盖。风为裳，水为佩。油壁车，夕相待。冷翠烛，劳光彩。西陵下，风吹雨。”

这时，李贺的朋友看到他身体撑不住，便开始帮助整理诗歌，并接受托付印刷出版李贺的诗集。不久，李贺就死了，一位天才诗人仅仅活了27岁。笔者想，是不是他写鬼神太多，得罪了鬼神界的重要人物，被提前索命了呢。当然，这些都是无端的猜测和迷信。李贺的去世，对于文坛来说，的确是一大损失。对于李贺的死，白居易这老爷子还专门编了一段故事，称李贺重病时，忽然有一个穿红衣服的人，骑着赤龙，手拿着写满太古篆文的信来找他，说："天帝造了一座白玉楼，要你去写文章点赞。你和我走吧。那里生活很好，一点也不苦。"李贺想到母亲，哭泣不止，但一切已晚。有目击者看到烟云升起，还听见了车轮和音乐的声音。李贺就此死去。

不过，诗人虽然不长寿，却用他有限的一生开创了一个独立的魔幻现实主义诗歌王国，这样的诗歌比起欧美的魔幻现实主义早了整整1000年。台湾的余光中就认为，11个世纪以前的李贺是一位"生得太早"的现代诗人。如果他活在20世纪的中国，必然也会写现代诗，这样的现代诗叫魔幻现实主义。

刘晏：大唐帝国最牛的经济学家

在前面介绍的天才中，大多是诗人、作家、历史学家，而今天笔者将为你们介绍一位特别牛的经济学家。宋代学者王应麟就在《三字经》里写道："唐刘晏，方七岁，举神童，作正字，彼虽幼，身已仕。尔幼学，勉而致，有为者，亦若是。"就是这样一位充满传奇色彩的天才人物，锐意改革，开辟大唐的经济帝国，他也因此成为古今青年学习的榜样和楷模。

天资聪颖举"神童"　八岁入仕傲群雄

刘晏这个人，和李贺、王维、骆宾王等天才一样，都有一个共性，均是神童。李贺7岁写诗惊动四方，骆宾王7岁写出《咏鹅》名传千古，而刘晏7岁就被举为"神童"，并做了负责刊正文字的官。

8岁时，刘晏又做了一件惊天动地的事。他学习司马相如、杜甫、王勃等大咖给天子写信。刘晏写的是《东封书》，献给了当时正在泰山祭拜天地的唐玄宗。玄宗皇帝看了以后，赞不绝口，激动异常。于是，他立即派人召见刘晏，当见到刘晏还是个几岁的孩子，玄宗对其写作能力感到怀疑，便命宰相亲自考核刘晏以辨真伪。不久，宰相向玄宗回复："刘晏是个货真价实的神童，作文能力的确很高，天才，天才也！"玄宗皇帝便立即下令刘晏担任正字官，相当于现在的国家编译馆馆长。刘晏年仅8岁，就担任了正厅级干部，真是自古英雄出少年！

又据《东明县志》记载，刘晏10岁那年，“一日玄宗御驾勤政楼，大张鼓乐百妓，罗列教坊，有王大娘者，能戴百尺竿，竿施木山状，瀛州方丈，令小儿持绛节出入歌舞”。这时刘晏被唐玄宗诏于楼中，“使贵妃施粉黛如巾栉”，打扮停当，玄宗目视刘晏发问：“正字，正得几字?”刘晏答道：“天下字皆正，唯有朋字未有正得。”此话一语双关，不仅说出了“朋”字的字形结构特点，还寓意深刻地指出了朋党相互勾结的时弊，真不愧是有风趣的字谏。接着我们的大美女贵妃杨玉环也登场了，她让小才子刘晏针对舞台上的精湛表演作一首诗助兴。接受任务后，刘晏略加思索，就站起身来大声诵吟：“楼前百戏竞争新，唯有长竿妙入神。谁谓绮罗翻有力，尤自嫌轻更着人。”此诗一出，顿时技惊四座，博得唐玄宗、杨贵妃等人的一片赞颂。为此，玄宗皇帝还特地赐了刘晏一制象牙笏和一领黄纹袍，神童刘晏的大名顿时传扬天下。

文士清修吏多贪　任人唯贤获盛赞

从8岁进入仕途后，刘晏先后任彭原太守，徙陇、华二州刺史、河南尹、京兆尹、户部侍郎，后又领度支、转运使，掌管铸钱、盐铁等使用权，开始掌握唐王朝财政大权。763年，刘晏被提升为吏部尚书、同中书门下平章事，兼任度支、转运使等职，成为兼管财政的宰相。身居高位，刘晏不仅“为人勤力，事无闲剧，必一日中决之……成大计者不可惜小费，凡事必为永久之虑”，还两袖清风，是一个典型的清廉干部。史书说他饮食简素，室无婢，死时只留下两车书籍和几斗米麦。一个理财大臣，如此清正廉洁，这在任何时代都是非常值得称道的。

《新唐书》记载：“晏常以办众务，在于得人，故必择通敏精悍廉勤之士而用之。”除了他自己清廉外，刘晏还选择清廉的干部就职，他认为：“士陷赃贿弃于时，名重于利，故士多清修；吏虽洁廉，终无荣显，利重于名，故吏多贪污。”所以“他勾检书出纳钱谷，事至细必委之士类，吏惟书符牒，不得轻出一言。其属官虽居千里外，奉教令如在目前，无敢欺绐者。”他注重士人的培养，选用了几百名各种专才和实干家，分布各部门及各州县把关，史称“积数百人，皆新进锐敏，尽当时之选，趣督倚办，故能成功。”由于刘晏培养选拔了一大批理财专家和士人，所以他指挥的庞大理财系统，如臂使指，运动自如，为国家和人民带来了福利。

励精图治尽忠心　改革造福为黎民

在刘晏一生的官场生涯中，最重要的还是他的经济改革。由于安史之乱的缘故，人民妻离子散，贫困艰辛，国家百废待兴，急需要一名优秀的经济学家提出总的设计和规划。时势造英雄，刘晏就在这样的背景下涌现了出来。

首先，刘晏改革币制，稳定物价。760年，由于货币超发和三种货币的比值混乱，导致物价上涨，人民怨声载道，生活艰辛异常。刘晏担任财政大臣后，立马调整货币之间的比值关系，使之按照实际价值流通，逐渐把高物价降了下来，稳定了社会秩序，缓和了社会矛盾。

其次，建立中央直属的经济统计机构，相当于现在的国家统计局，以保证统计数字的真实。同时，还在地方建立巡院——省级审计局或国家统计局省级调查总队，并选择通过正规科举（公务员考试）出身、素质较高的官员做巡院官（调查队总队长或审计局局长），负责各地的统计工作。统计范围包括庄稼收成、雨雪水旱、物价高低等状况，并及时把这些真实的信息上报给中央，以便国家高层及时掌握各地的经济动态，以利于大唐中央的最终决策，从而有利于国家的治理。

再次，推行常平法，调节物价，保障供给。常平法是一种调节米价的方法，就是国家筑仓储谷，谷贱时增价而籴，谷贵时减价而粜，防止市场大起大落，以保障民生。刘晏在各道（省）设立巡院官，在丰收地区及时高价收购粮食，防止谷贱伤农，又把在丰地收购的粮食运往灾区低价出售。这样既没有增加国家财政开支，也达到了救灾目的，还使灾区人民得到了实惠。他认为："王者爱人，不在赐与，当使之耕耘纺织，常岁平敛之，荒年蠲救之。"

另外，改革食盐专卖制度，增加政府收入。平定安史之乱，国家耗费了大量财力，政府出现了财政危机。为解决财政问题，刘晏改革了食盐专卖制度。之前，食盐官营，有庞大的盐务机构，造成贪污腐败、开支巨大、食盐价格居高不下等弊端。刘晏掌握盐政后，首先废除了绝对的国家食盐专卖制度，推行一种官商混合制度。他规定生产环节由盐户自己负责，收购和批发环节由国家掌控，国家把收购上来的食盐加税后批发给商人，再由商人运输、分销到各地。国家又在各地设盐仓，防止盐商哄抬盐价。这样，盐务机构被撤，大量盐务人员下岗，节省了大量人力、物力，食盐价格也随之下降，人民也因此得到了实惠。更为重要的是，此举不仅精简了机构，减少了人员，改革也使盐税的收入增加了十多倍，从而解决了国家的财政困难。

最后，疏浚大运河，改革漕运制度，保障南粮北运。刘晏接管漕运后，凭借食盐改革的财政盈余，立即着手疏浚河道，大造漕船，雇募船工，分程运输，军队押粮，减少损耗。通过改革，江南粮食源源不断地运到北方，解决了长期困扰北方的粮食问题。这有点类似于当前的南水北调工程，将丰盛的南方水调往缺水的北方，以有利于整个国家水资源的平衡。

通过刘晏的锐意改革，经历安史之乱后大唐帝国经济残破的局面得到改变，经济也得到了恢复和发展，人民再一次安居乐业，休养生息。改革之前，大唐全国人口仅200万户，国家财政收入仅400万缗。到了779年，仅10余年时间，户口就增加到300万户，财政收入达1300万缗，人口增加了50%，经济增加了4倍。尽管国家自此富裕了，但人民的税收却一点也没有增加，真正做到了“敛不及民而用度足，理财又以养民为先”。因此，不少学者也将刘晏与管仲、萧何相提并论，称他们是难得一见的天才经济学家。

奸臣杨炎进谗言　一代宰相命归天

在封建社会的束缚下，功高犯忌，廉洁遭妒，正直的人常常蒙冤屈而死，刘晏也没有逃脱这一封建痈疽造成的灾难，实在令人可惜，徒添悲伤。

《旧唐书》记载：“杨炎为吏部侍郎，晏为尚书，各恃权使气，两不相得。炎坐元载贬，晏快之，昌言于朝。及炎入相，追怒前事，且以晏与元载隙憾，时人言载之得罪，晏有力焉。炎将为载复仇，又时人风言代宗宠独孤妃而又爱其子韩王迥，晏密启请立独孤为皇后。炎因对易攵流涕奏言：“赖祖宗福祐，先皇与陛下不为贼臣所间。不然，刘晏、黎干之辈，摇动社稷，凶谋果矣。今干以伏罪，晏犹领权，臣为宰相，不能正持此事，罪当万死。”崔祐甫奏言：“此事暧昧，陛下以廓然大赦，不当究寻虚语。”朱泚、崔宁又从傍与祐甫救解之，宁言颇切，炎大怒，故斥宁令出镇鄜坊以摧挫之。遂罢晏转运等使，寻贬为忠州刺史。炎欲诬构其罪，知庾准与晏素

有隙，举为荆南节度，以伺晏动静。准乃奏晏与朱泚书祈救解，言多怨望，炎又证成其事，上以为然。是月庚午，晏已受诛，使回奏报，诬晏以忠州谋叛，下诏暴言其罪，时年六十六，天下冤之。家属徙岭表，连累者数十人。贞元五年，上悟，方录晏子执经，授太常博士；少子宗经，秘书郎。执经上请削官赠父，特追赠郑州刺史。”

大概的意思就是唐代宗死后，德宗即位。德宗是一位性情急躁、猜忌无情、轻举妄动、刚愎自用的人物。最开始，杨炎为吏部侍郎，刘晏为尚书，两人都看不惯对方。后来奸相元载被贬，继而又被唐代宗所杀。当时，刘晏是处理此案的负责人之一，并参与了密议。而杨炎是元载的余党，亦受牵连。三十年河东，三十年河西。后来，杨炎得势，重新被起用，升为宰相。780年，杨炎为元载报仇，便进谗言，极尽挑拨之能事将刘晏贬出京师，出任转运使，后又贬为忠州刺史。这仍然不解恨，杨炎又伙同荆南节度庚准，擅造刘晏造反，使昏庸的唐德宗完全听信了杨炎等人的谗言，于780年7月下诏赐刘晏自尽，其下属几十人受累流放江南。

刘晏无罪被杀，大家都为他呼冤。贞元五年（789年），唐德宗醒悟，便杀死了奸臣杨炎，提拔刘晏的大儿子执经为太常博士，小儿子宗经为秘书郎。执经上请削官赠父，特追赠其为郑州刺史，刘晏自此得到了历史的公断，人民刻石以传。这位伟大的经济学家，对大唐所做的贡献已经光照千秋，其光彩的一生也被后人永远铭记。

宋朝

司马光：砸缸少年，一代名相

在历史上，天才的命运均不一样。有那么一些人，天赐其英才，却没有给其好的命运，比如王勃，20多岁写就《滕王阁序》名噪天下，却不幸落水而死。比如贾谊，22岁当太中大夫，没过几年写下《吊屈原赋》《过秦论》《治安策》等天下雄文，却在33岁抑郁而死。再比如项橐，7岁“三难孔子”，并受了孔子拜师之礼，却在10多岁就被暗杀。像这样命运不佳的天才例子还有许多，但如司马光这样年少成名，并高居宰相，还编撰出《资治通鉴》等史学巨著的人物，却是凤毛麟角，天下罕见。命运有时就是如此，渺小的人类怎能改变？唯有淡然处之，任凭花开花落，云卷云舒。

砸缸小孩名噪一时

宋真宗天禧三年（1019年）10月，天才司马光的父亲司马池正在光山县当县令。这个司马池也不简单，是正儿八经的进士，还在四川郫县当过县尉（县公安局局长）。当时郫县社会上造谣说守边部队叛乱，富人携家人、金银出走，吓得县令间丘梦松推说有事便逃到了府衙，而主簿也称病不办公。司马池临危受命代管全县政务，一边做好防范工作，一边安定民心，后来司马池得到上级表扬，天禧三年（1019年）3月调到郑州任防御判官。此时光山知县缺位，改任光山县令。也就是这一年他的夫人生下了第三子，由于出生在光山，便取名司马光。

司马光从小就很聪明，6岁时，司马池就教他读书识字，7岁时，司马光不仅能背诵《左氏春秋》，还能讲明白书中的要意。这已经是一件很了不得的事了。关羽常常自吹熟读《春秋》，而司马光7岁就能背诵，可见其天资聪慧非关羽可比。

能背诵《春秋》还不算回事，司马光在7岁这年还做了一件名噪天下的事，就是“砸缸救友”。后来这一故事还被写进了教科书，几乎所有80后、90后，都背诵过这篇课文。“砸缸救友”这故事的出处是《宋史》(元末阿鲁图所写)：“群儿戏于庭，一儿登瓮，足跌没水中，众皆弃去，光持石击瓮破之，水迸，儿得活。”

有了“砸缸救友”的事后，司马光可是出了名，不仅在光山县家喻户晓，甚至在全国也有了相当大的名声，时人都将其看作神童天才。

没过几年，司马光又干了一件令人惊奇的事。宋仁宗天圣九年(1031年)，司马光随父亲司马池到利州去，在栈道上突然遇到一条巨蟒，当时仆人们都很害怕，而年仅12岁的司马光却显得很冷静，只见他沉着地手持利剑，猛地走上前去，狠狠扎在巨蟒的尾巴上，使巨蟒疼痛得一震，滚落到深不可测的栈道下边。

司马光的举动让司马池更为惊讶，他认为儿子除了具备文采，在胆量、勇气方面也是高出常人，这使他倍感骄傲，之后便刻意培养起这个儿子起来。每逢出游或和同僚密友交谈，司马池都要将司马光带在身边，让他耳濡目染。“凛然如成人”就是当时别人对司马光的评价。许多大臣、名士都很赏识司马光，对这个天才神童喜爱有加。担任过副宰相的庞籍还将司马光当成自己的儿子一样培养、教育。

金榜题名乐娶娇妻

由于天资聪慧，又加上从小受到父亲司马池的精心培养，司马光才华精进，20岁便去参加进士考试。司马光考试能力的确比杜甫、蒲松龄、柳永等更强，杜甫一生中考了四五次科举，也未能高中，蒲松龄甚至考了一辈子，熬到头发花白，依旧未能金榜题名。司马光第一次会试，就一举高中进士甲科，从此步入官场。他的这种才华和应考能力，怎不令蒲松龄羡慕呢。考上进士这一年是仁宗宝元元年（1038年），这时的司马光刚刚20岁。

高中进士后，司马光很快被授予了官职，任华州（今陕西省华县）判官（相当于陕西华县的法院院长）。比起韩愈，司马光又要幸运很多。当年，韩愈考中进士后，等了几年也没有安排他任职，不得已韩愈还给宰相写了3封自荐信，催促给他官当。

年少有才，名满天下，前途又一片光明，自然会有许多年轻女子喜欢。当时，前来向司马光提亲的人不计其数，司马光应该是看花了眼。这些竞争者中，有一个人的来头很大，她就是龙图阁直学士张存的女儿。张存是司马池的好朋友，经常到司马光家里做客，对司马光很了解。他这个龙图阁直学士是从三品，就是部级领导。张氏这一年才16岁，和司马光见面后，司马光就喜欢上了她。同年，两人就拜堂结了婚，从此过上了甜蜜的生活。

服丧三年读书作文

正当司马光怀着远大的抱负，准备在仕途上好好奋斗一番时，他的母亲却病逝了，这一年是仁宗宝元二年（1039年）。按照封建礼教，他必须辞官回家服丧3年。在此期间，司马光帮助父亲草拟了《论两浙不宜添置弓手状》奏疏，希望朝廷能从各方面阐述不宜添置弓手、增设武官。

母亲去世本已够悲伤，没想到仁宗庆历元年（1041年）12月，司马光的父亲司马池又意外病死在晋州（今河北省石家庄市），司马光和哥哥司马旦将父亲的灵柩带回了故乡夏县（山西境内）。双亲的相继去世，使司马光悲痛万分，他叹息“平生念此心先乱”。

在家居丧的日子，司马光将悲痛化为力量，阅读了大量的书籍，也创作了许多有价值的文章，如《十哲论》《四豪论》《贾生论》等，对一些古人古事，他根据自己的感受，提出了独到的见解。

千里骏马喜逢伯乐

宋仁宗庆历四年（1044年），26岁的司马光服丧结束，签书武成军判官，不久又改宣德郎、将作监主簿，权知丰城县事。在短短的时间里，他就取得“政声赫然，民称之”的政绩。仁宗庆历六年（1046年），28岁的司马光接到诏旨，调他担任大理评事国子直讲。赴京之日，同事们置酒为他饯行。司马光即席赋诗：“不辞烂醉樽前倒，明日此欢重得无？追随不忍轻言别，回首城楼没晚烟！”这时司马光意气风发，怀着激动的心情到了京都开封。

仁宗皇祐元年（1049年），司马光父亲的好友庞籍升任枢密使（相当于军委主席），举荐31岁的司马光担任馆阁校勘，但没有得到皇帝的许可。仁宗皇祐三年（1051年），司马光33岁，由宰相庞籍推荐任馆阁校勘，同知太常礼院，这一次仁宗同意了。司马光在任职期间对《古文孝经》进行了系统的研究，并撰写了《古文孝经指解》一文。仁宗皇祐五年（1053年），司马光又担任殿中丞，除史馆检讨，修日历，改集贤校理，专任史官。从此，司马光开始了对历史的研究。

谏官工作兢兢业业

司马光自从被庞籍推荐后，在地方及中央都担任过多个职务，例如他担任过郓州通判，负责考察全州官吏，又在并州为通判，兼为河东路经略安抚使等职。之后，司马光回到了中央，担任过开封府推官、起居舍人，同知谏院等职务，而干得最久的工作却是谏官。

仁宗嘉祐八年（1063年）3月29日，仁宗病故，4月赵曙即位，即英宗。司马光写了《上皇太后疏》，希望缓和两宫矛盾。4月27日又进《上皇帝疏》，力陈国家当务之急应君民同心、内外协力。6月22日，他又上《两宫疏》，指出："金堤千里，溃于蚁穴；白璧之瑕，易离难合。"皇帝没有太后支持"无以君天下"，太后离开皇帝"无以安天下"。11月26日，又写了两封章奏，一封给皇太后，一封给皇帝。在奏章中，他讲历史，摆利害，晓明大义，从全局出发，苦苦相劝，终于得到效验。加之英宗的病情也有所好转，太后和英宗的矛盾趋于缓和。从仁宗嘉祐八年（1063年）3月仁宗病死，到英宗治平元年（1064年）7月，为消除太后和英宗之间的矛盾，司马光前后共上奏章17封。

在5年的谏官生涯中，除了帮助朝廷解决好皇位继承和皇帝的修身要领、治国政纲等关系国家命运的上层大事外，同时他也把注意力放到下层人民身上。在《论财利疏》中，他指出："农民苦身劳力，粗衣粗食，还要向政府交纳各种赋税，负担各种劳役。收成好的年代，卖掉粮食以供官家盘剥，遇到凶年则流离失所，甚至冻饿而死。"他建议切实采取一些利民措施。

司马光还反对宫中宴饮和赏赐之风，仁宗嘉祐六年（1061年），他上书《论宴饮状》，恳请皇帝为民着想，悉罢饮宴。他上《言遗赐札子》，反对朝廷不顾国家实际，厚赏群臣。

看到这些，笔者不得不感叹，过去的谏官真的是“在其位，谋其职”，杜甫、白居易如此，贾谊、司马光等亦如此。他们在担任谏官期间，真的是兢兢业业，良好的谏言从不间断，比起民国期间的议员们，真的是一个在天上，一个在地下。

政见不和针锋相对

英宗治平四年（1067年），英宗病死，神宗赵顼即位。参知政事欧阳修极力向神宗推荐，说司马光“德性淳正，学术通明”，神宗任司马光为翰林学士，不久，又任司马光为御史中丞（宋代监察部部长）。

宋神宗赵顼即位以后，对王安石提出的一整套激进、大胆的变革方案很认可，便在熙宁二年（1069年），起用王安石为参知政事，主持变法。

在思想上王安石主张开源，司马光主张节流。司马光和王安石因政见不同，在一些问题上进行激烈的争辩，有时在皇帝主持的议政会议上也毫不相让。在王安石颁发“青苗法”后，司马光认为县官靠权柄放钱收息，要比平民放贷收息危害更大，因此表现了强烈不满。

本来，宋神宗希望司马光能很好地发挥作用，提拔他为枢密副使（相当于军委副主席），辅佐自己早日挽救危机，实现国家的振兴。但司马光对改革不太支持，便以“不通财务”、“不习军旅”为由，坚决推辞，连上5封札子自请离京。

史学巨著功盖千秋

神宗熙宁四年（1071年）4月9日，看到好友范镇因直言王安石“进拒谏之计”“用残民之术”而被罢官。司马光愤然上疏为范镇鸣不平，并请求任职西京留司御史台，自己退居洛阳，从此远离了京都官场，过上了隐居生活。在这期间，司马光绝口不论政事，以书局自随，继续编撰《资治通鉴》一书，时间长达15年。

神宗元丰七年（1084年），司马光已66岁，《资治通鉴》全部修完，他将全书呈给神宗皇帝。神宗十分重视，将书的每编首尾都盖上了皇帝的睿思殿图章，以其书“有鉴于往事，以资于治道”，赐书名《资治通鉴》，并亲为写序。

是年十二月初三，神宗降诏奖谕司马光，说他“博学多闻，贯穿今古，上自晚周，下迄五代，成一家之书，褒贬去取，有所据依”。并赏予银、绢、衣和马，擢升司马光资政殿学士，迁范祖禹为秘书省正字。

《资治通鉴》是中国第一部编年体通史，在中国官修史书中占有极重要的地位，共294卷，主要以时间为纲，事件为目，从周威烈王二十三年（公元前403年）写起，到五代后周世宗显德六年（公元959年）征淮南停笔，涵盖16朝1362年的历史。《资治通鉴》自成书以来，历代帝王将相、文人骚客、各界要人争相诵读。点评批注《资治通鉴》的帝王、贤臣、鸿儒及现代的政治家、思想家、学者不胜枚举、数不胜数。作为历代君王的教科书，除《史记》外，几乎都不可以和《资治通鉴》媲美。

南宋史学家王应麟评价说：“自有书契以来，未有如《资治通鉴》者。”宋末元初胡三省也盛赞此书：“为人君而不知《资治通

鉴》，则欲治而不知自治之源，恶乱而不知防乱之术；为人臣而不知《资治通鉴》，则上无以事君，下无以治民；为人子而不知《资治通鉴》，则谋身必至于辱先，做事不足以垂后。”

高居宰相废除新法

编完《资治通鉴》没多久，皇太后下诏起用司马光，授其门下侍郎（即副宰相）。但司马光上疏辞谢，称“龄发愈衰，精力愈耗”。之后，在亲友的劝说下，他还是到任就职。

就职之后，副宰相司马光向皇太后进言，把因反对新法而被贬的刘挚、范纯仁、李常、苏轼、苏辙等人召回朝中任职，吕公著、文彦博等老臣也被召回朝廷。

为废除新法，司马光上《请更新新法札子》，将新法比之为“毒药”，请求立即采取措施，全部“更新”。接着，朝廷开始实施废除保甲法、方田均税法、市易法、保马法等。在实施过程中，司马光无限感伤地说：“新法不废除，吾死不瞑目矣！”他还向吕公著说：“光自病以来，悉以身付医，家事付康（司马康），国事未有所付。”切望吕公著能够完成他的夙愿。同时，他上表请求辞位。但皇太后对他很倚重，不但不准辞位，反下诏除授尚书左仆射兼门下侍郎，正式拜为宰相。接着朝廷很快就废除了免役法、青苗法。司马光终于完成了自己废除免役法的夙愿，实现了自己的政治主张。

元祐元年（1086年），司马光因病逝世，享年68岁，获赠太师、温国公，谥号文正，宋哲宗赐碑名为“忠清粹德”。死后，哲宗将他葬于高陵。司马光的遗著有《司马文正公集》《稽古录》等，还有诸多名著被众人传诵。

人生光彩夺目，可惜没有后人

司马光荣耀地走完了他炫丽的一生，不仅文能光照千秋，功也能名垂后世，但令人遗憾的是，司马光一生中却没有留下自己的火种，这或许是他难以启齿的悲痛。

之所以没有后人，这和司马光自己有很大的关系，由于和张存的女儿张氏结婚后，两人恩爱甜蜜，感情十分融洽，生活无比幸福美满。尽管如此，但到了30多岁司马光也没能有个一男半女。这时，张氏比司马光还急，便张罗着给司马光纳妾。果然，有一天张氏托人买来了一个绝色女子，眉目如画，秀发如云，妩媚娇艳，浓香扑鼻。然后，她将美女悄悄安置在卧室，而自己则借故外出了。司马光回到书房，美女故意搔首弄姿，卖弄风情，还露出一点雪肌酥胸，娇滴滴地问："请问先生，我美吗?"司马光赶紧离她一丈，板起面孔，显得十分生硬冷淡。美女诱惑许久也不成功，终于感到十分无趣，只好大失所望地离开了。

还有一次，司马光到岳父家去赏花。张氏和母亲合计，又偷偷地安排了一个秀丽、温存的丫鬟，准备供相公使用。这次司马光更加不客气，竟生气地对朝丫鬟训斥道："走开！夫人不在，你来见我作甚?!"

这两件事之后，张氏也打消了对丈夫司马光纳妾的打算，两人更加恩爱甜蜜，他们也被时人赞为司马相如和卓文君白头偕老的翻版。但唯一遗憾的是，两人白头一生，却没能留下一男半女，或许这就是上天对天才的一点不公吧。

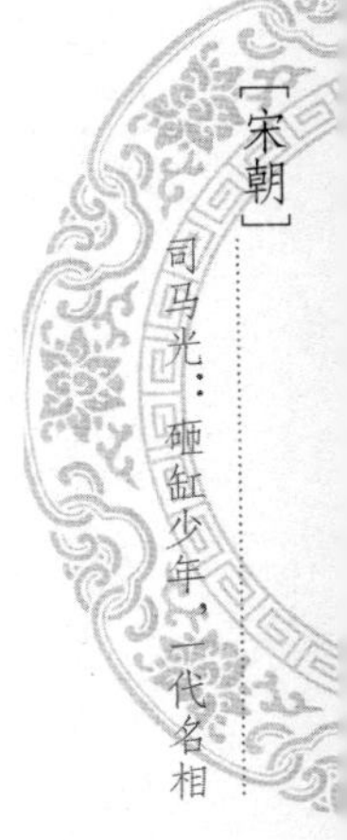

柳永：花柳丛中自有白衣卿相

每当欣赏到动听悦耳的音乐时，每当看到婀娜多姿的舞蹈时，每当见到倾国倾城的明星时，总会不由自主地想到大宋的词曲家柳永，这位大师就类似于当今娱乐圈鼎鼎有名的音乐大咖一样，既有地位和水准，也有深度。那么，这样一位艺术圈的大咖，其人生到底是什么样子呢？为什么提到“白衣卿相”就会想到他呢？

官宦世家才华优　少年作诗传九州

提到这个柳永，大家对他在烟花处寻风流印象最为深刻。那么，柳永到底出生在什么样的家庭，为什么会和烟花柳絮结缘？其实，柳永出生在一个正统的官宦世家，他的祖父柳崇，世居山西，曾为沙县县丞（相当于副县长），在州郡颇有威信。父亲柳宜，出仕南唐，为监察御史。南唐灭亡后，柳宜供职北宋，任雷泽县令，不久，改为费县县令、濮州任城令。约984年，柳永出生。爷爷是副县长，父亲是县长，柳永的家庭条件并不差，从小所受的教育就和家境相似的杜甫一样，都是饱读诗书，少有才华不自夸。

在柳永10岁那年，父亲柳宜以赞善大夫调往扬州，柳永一同跟随，并在当年写了处女作《劝学文》。全文如下：“父母养其子而不教，是不爱其子也。虽教而不严，是亦不爱其子也。父母教而不学，是子不爱其身也。虽学而不勤，是亦不爱其身也。是故养子必教，教则必严；严则必勤，勤则必成。学，则庶人之子为公卿；不学，则公卿之子为庶人。”10岁的柳永能写出《劝学文》，真是又一个少年天才，一点不亚于骆宾王、王维、李白、李贺等文坛名流。咸平元年（998年），14岁的柳永在家乡游览名胜中峰寺时，又写了一首《题中峰寺》：“攀萝蹑石落崔嵬，千万峰中梵室开。僧向半空为世界，眼看平地起风雷。猿偷晓果升松去，竹逗清流入槛来。旬月经游殊不厌，欲归回首更迟回。”作者柳永采用铺叙手法，叙述了经游中峰寺的过程。一个风度翩翩的青年才子沿着陡峭崎岖的石径，攀萝附葛爬过高岗，又涉水过溪穿过林莽，来到群山拥抱的古刹，瞻望伏虎坛胜迹，其脑海里便浮现出禅师叱咤风雷、降伏猛虎的英姿，遂感慨万端，吟诵出此诗，有“飘飘凌云之意”。

青春韶华享盛名　唯恨科考不遂心

咸平五年（1002年），柳永由钱塘入杭州，因迷恋湖山美好、都市繁华，遂滞留杭州，沉醉于听歌买笑的浪漫生活之中，这期间柳永留下了许多情。一路游玩，满心欢喜，柳永于1003年到了京城，准备参加礼部考试。在人生的开始阶段，柳永和李白、杜甫、王维、白居易、李贺等一样，都会拿着自己的代表作前去拜望当时的社会名流，以此提高自己的身价，希望得到推荐的机会。

在进京之前，众人均知杭州知府孙何很有名气，但门禁甚严，很少有人能得到他的接见。但柳永意气风发，除了留恋杭州风月，更是信心勃勃一挥而就写了一首词《望海潮·东南形胜》，词曰：“东南形胜，三吴都会，钱塘自古繁华，烟柳画桥，风帘翠幕，参差十万人家。云树绕堤沙，怒涛卷霜雪，天堑无涯。市列珠玑，户盈罗绮，竞豪奢。重湖叠巘清嘉。有三秋桂子，十里荷花。羌管弄晴，菱歌泛夜，嬉嬉钓叟莲娃。千骑拥高牙。乘醉听箫鼓，吟赏烟霞。

异日图将好景，归去凤池夸。”

怀揣着这首好词，柳永顺利见到了大名鼎鼎的孙何。两人一见如故，互相欣赏，孙何更是对柳永佩服得五体投地。而“此词一出，即广为传诵，柳永亦因此名噪一时”，在宣扬柳永的名声方面，孙何可谓出了大力。自此，柳永名气大振，信心爆棚，他又一鼓作气写了不少好词，比如《鹤冲天》等。但是，他的词也传得太厉害了，话说在文坛圈传传，吸引一大批粉丝也就可以了，但没想到他的词竟然还传到了皇宫大院，被当时的皇帝仁宗看到了。仁宗皇帝本来就洞晓音律，亦颇好作词，但留意儒雅。而柳永又特别擅长作艳词，当仁宗读到他的词，心里就不太喜欢，颇为不满。也正是因为仁宗对词的个人喜好，导致了柳永后来仕途的不顺。

进京后，意气风发的柳永参考进士，但当放榜时，仁宗皇帝就引用柳永词“忍把浮名，换了浅斟低唱”（《鹤冲天·黄金榜上》）说：“既然想要‘浅斟低唱’，何必在意虚名”，遂刻意划去了柳永之名。宋人严有翼亦载有此事，说有人向仁宗推荐柳永，仁宗回复“且去填词”，自此后柳永遂不得志，“出入娼馆酒楼”，自号“奉旨填词柳三变”。

无奈，科考失利的柳永只得离开杭州，沿汴河到苏州，作了《双声子·晚天萧索》。不久，他又入扬州，作《临江仙·鸣珂碎撼都门晓》，追忆当年与知府孙何的友谊，度过了青年时期的一段放浪生活。这段时间，柳永在风花雪月处，尝尽温柔如水，经历世事繁华，一生柔情献给了柳絮烟花，一腔热血也用在了青楼人家。

虽然仕途遭遇挫折，柳永沉醉于风月场所，但他依旧没有放弃过科举考试。据史料记载，之后柳永多次参加科举，但终未高中。特别是天圣二年（1024年），40岁的柳永已是第四次落第，这时他愤而离开京师，与烟花柳巷处一位名叫虫娘的情人告别，填写了著名的《雨霖铃·寒蝉凄切》："寒蝉凄切，对长亭晚，骤雨初歇。都门帐饮无绪，留恋处，兰舟催发。执手相看泪眼，竟无语凝噎。念去去，千里烟波，暮霭沉沉楚天阔。多情自古伤离别，更那堪冷落清秋节！今宵酒醒何处？杨柳岸，晓风残月。此去经年，应是良辰好景虚设。便纵有千种风情，更与何人说？"这个歌妓也太会取名字，虫娘，真是和她的身份吻合得天衣无缝呢。不过，多情的柳永将他离开汴京与情人虫娘惜别时的真情实感表达得缠绵悱恻，凄婉动人。全词起伏跌宕，声情双绘，确为宋元时期流行的"宋金十大曲"之一，而柳永也不愧为"词中卿相"。

随后，他由水路南下，在各处烟花酒楼为歌妓填词为生，在娱乐圈的名声越来越大，俨然成了娱乐圈的刘欢、孙楠等流。烟花虽好，风月如歌，但柳永内心深处有着说不尽的离愁，道不尽的苦闷，他漂泊日久，身心疲惫，常常感叹芳年壮岁，离多欢少，半生悲伤。

明道年间（1032年—1033年），柳永漫游渭南，作《八声甘州·对潇潇暮雨洒江天》。不久，他到了成都，时田况知益州，锦里风流、蚕市繁华，柳永作词以赠。田况热情地招待了柳永，估计也是举杯邀明月，同填妙诗词。出成都后，柳永又沿长江向东，过湖南、抵鄂州。

人生大半已虚过　暮年为官唱离歌

景祐元年（1034年），仁宗亲政，特开恩科，对历届科场沉沦之士的录取放宽尺度，柳永听到这消息后，十分兴奋，便和自己的哥哥柳三接一同赶赴京师。是年春闱，二人同登进士榜。柳永授睦州团练推官，整整50岁才考上"公务员"，柳永此时的喜悦怕只有范进之流能够深切明白。

当年二月，柳永由汴京至睦州，途经苏州，时范仲淹知苏州，柳永遂前往拜谒，并作词进献。九月，睦州知州吕蔚爱慕柳永才华，向朝廷举荐，因“未有善状”受阻。

景祐元年（1037年），柳永调任余杭县令，抚民清净，深得百姓爱戴。宝元二年（1039年），柳永任浙江定海晓峰盐监，作《煮海歌》，对盐工的艰苦劳作予以深刻描述。柳永为政有声，被称为“名宦”。

庆历三年（1043年），柳永调任泗州判官。时柳永已为地方官三任九年，且皆有政绩，按宋制理应磨勘改官，竟未成行，柳永“久困选调”，遂有“游宦成羁旅”之叹。秋，柳永进献新词《醉蓬莱·渐亭皋叶下》，因有“太掖波翻”等语，不合圣意，改官投诉无果而终。八月，范仲淹拜参知政事，颁行庆历新政，重订官员磨勘之法。柳永申雪投诉，改为著作佐郎，授西京灵台山令。

庆历六年（1046年），转官著作郎。次年，柳永再度游苏州，作词赠苏州知州滕宗谅。皇祐元年（1049年），转官太常博士。次年，改任屯田员外郎，遂以此致仕，定居润州。皇祐五年（1053年），70岁的柳永与世长辞。

据传，柳永晚年穷愁潦倒，死时一贫如洗，无亲人祭奠。歌伎念他的才学和痴情，凑钱替其安葬。每年清明节，又相约赴其坟地祭扫，并相沿成习，称之“吊柳七”或“吊柳会”，这种风俗一直持续到宋室南渡。不过，笔者认为此处所谓的贫穷应该是相对的，柳永从50岁考上进士做睦州团练（相当于武装部长或治安支队长），之后做县令、著作郎、太常博士，直到去世之前还在做屯田员外郎（六品，副厅级）。因此，从50岁到70岁这段时期，柳永一直在做官，如称他贫困潦倒，的确说不过去。另外，从他的家庭情况来看，也不见得称得上贫困潦倒。比如，他的祖父柳崇，曾为沙县县丞，有威信。父亲柳宜，曾仕南唐，为监察御史，入宋后任雷泽县令，官至工部侍郎。叔父柳宣、柳宏等五人，也皆有科第功名。长兄柳三复，天禧二年（1018年）王整榜进士（柳永兄弟三人均擅长诗文，号称“柳氏三绝”）。仲兄柳三接，与柳永同榜登第，官至都官员外郎。儿子柳涚，庆历六年（1046年）贾黯榜进士，官至大理寺丞。那么，史料传言他死时一贫如洗，只有两种可能，一是柳永不善理财，将收入都用在了风月场所。二是贫困是相对的，相较于王安石、范仲淹、苏东坡、晏殊这样职位的大文人，柳永的工资的确显得寒酸了些。

仕途一生不得志　词中婉约为卿相

不过，柳永虽然离我们远去，但他的作品一直流传到现代，闪耀在浩瀚的文坛。在众多学者的眼中，柳永是第一位对宋词进行全面革新的大词人，他大力创作慢词，将敷陈其事的赋法移植于词，同时充分运用俚词俗语，以适俗的意象、淋漓尽致的铺叙、平淡无华的白描等独特的艺术个性，对宋词的发展产生了深远影响。

柳永对后来词人影响甚大。南、北宋之交的王灼就称赞道“今少年，十有八九不学柳耆卿，则学曹元宠”；又说沈唐、李甲、孔夷、孔榘、晁端礼、万俟咏等六人“皆在佳句”，“源流从柳氏来”。即使是苏轼、黄庭坚、秦观、周邦彦等著名词人，也无不受惠于柳永，对柳永推崇有加。

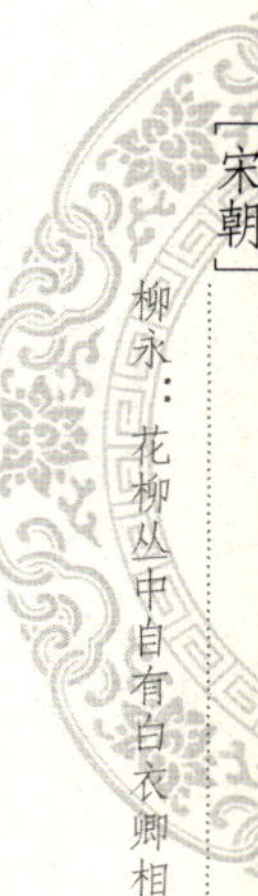

另外，柳词在词调的创用、章法的铺叙、景物的描写、意象的组合和题材的开拓上都给苏轼以启示，故苏轼作词，一方面力求在“柳七郎风味”之外自成一家；另一方面，又充分吸取了柳词的表现方法和革新精神，从而开创出词的一代新风。黄庭坚和秦观的俗词

与柳词更是一脉相承，秦观的雅词长调，其铺叙点染之法，也是从柳词变化而出；周邦彦慢词的章法结构，同样是从柳词脱胎。

学者黄裳对柳永更是赞赏有加，他说："予观柳氏文章，喜其能道嘉祐中太平气象，如观杜甫诗，典雅文华，无所不有。是时予方为儿，犹想见其俗，欢声和气，洋溢道路之间，动植咸若。令人歌柳词，闻其声，听其词，如丁斯时，使人慨然有感。呜呼，太平气象，柳能一写于乐章，所谓词人盛事之黼藻，其可废耶？"另一位学者刘永济则认为："柳永通俗之作，本代歌妓抒情，自必为此辈所喜闻乐道者，故其所作，传布极为广泛。"故有"凡井水处必咏柳词"一说。

明朝

唐伯虎：倜傥才子，注定风流

提到风流才子，首先会想到元稹、柳永、唐伯虎，而最负盛名的当然是唐伯虎。喜剧大师周星驰演过一部电影《唐伯虎点秋香》，更是将唐伯虎的名声提升到一个新的高度。那么，历史上真实的唐伯虎到底是什么样子呢？到底有没有秋香这个人呢？下面，就随笔者一一去探个究竟吧。

苏州少年"高富帅"

提到唐伯虎的家庭背景，似乎又进入到一个定律。自古大才子，家庭大都不穷。唐伯虎也一样，他家在古代虽算不上最好，但也是富裕之家。这有点类似于唐朝的李白，他们的父亲都是有钱的大老板。李白的父亲是开矿的，唐伯虎的父亲是开酒店的。据大明才子祝允明的《唐子畏墓志铭》解说，唐伯虎的父亲名叫唐广德，是做餐饮生意的，类似于现在的北京烤鸭、俏江南、大蓉和等。在当地，唐广德生意不错，积累了很多财产。唐伯虎的母亲姓丘，家里也是殷实人家。自古都讲究门当户对，做生意和做生意的结为亲家，一点不稀奇，这叫钱人联姻，强强联合，当然也就变得更富裕了。从小生活在这样的殷实家庭，唐伯虎自然获得了最好的家庭教育。再加上，唐伯虎天资聪颖，记忆力超群，过目成诵，"每夜尽一卷"，很小就能作诗，才华早显，远近知名。

似乎，天才都有一个相似的童年，要么像骆宾王那样7岁就写出《鹅》，要么像李白那样，15岁就能仗剑远游、吟诗作赋，要么像白居易那样16岁就能写出《赋得草原送别》，等等。而唐伯虎则是少年就诗书画在当地名声远播，震动周边。当时有这样一个故事，13岁那年，有一个远近闻名的大才子祝枝山，也就是祝允明，来到唐伯虎家的餐馆喝酒。当他看见店中墙上的画后，很是喜欢，并向店主付钱购买。谁知老板，也就是唐伯虎的父亲推辞道："这些都是我犬子的戏作，根本不值钱，客官要是喜欢，尽管拿去。"祝枝山一听这画竟是个孩子画的，好奇心大发，就问店家："我能否见一见这作画的孩子呢？"于是，唐伯虎就被父亲带到祝枝山面前。经过一番攀谈，祝枝山发现唐伯虎有真材实料，便生了爱才之心，从此打算对其好好培养。之后，祝枝山常到唐伯虎家做客，并将唐伯虎推荐给绘画大家沈石田，让他教其专心致志正规学画。

唐伯虎自此更为努力了，才华也日益增进。这样顺风顺水的生活，一直持续到唐伯虎25岁。1494年，唐伯虎的父亲去世，紧接着他的母亲、妻子、儿子、妹妹也相继病故。养家的重担，顿时落在了毫无社会经验的唐伯虎身上。

这时的唐伯虎，才深刻体会悲伤与痛苦，再加上没有经商经验，坐吃山空，生活也愈来愈不容易，不到26岁，唐伯虎头上已增加多处白发。一个人经过了挫折，必定会有所奋发。在好友祝允明的规劝下，唐伯虎振作精神，潜心读书，希望通过科举得到功名。

三年过去，29岁的唐伯虎准备充分，信心勃勃，他骑马来到南京，参加了全省举行的乡试，并获得第一名，也就是俗称的解元，自此，唐伯虎声名更盛。

科举作弊毁前途

然而，命运又给唐伯虎开了一个玩笑，这点类似于曾获得过秀才考试第一的蒲松龄。自此，唐伯虎再也没能交好运。

提到这个玩笑，还要谈到一个人，他就是徐霞客。到底有什么渊源呢，且待笔者慢慢叙述。

现在很多人，每到周末都会选择自驾游。文人们取名叫采风，老百姓则叫它旅游。提到旅游，我们就不得不提到一个骨灰级的大咖，这个人是旅游者的祖师爷徐霞客。徐霞客有一本很有名的书叫《徐霞客游记》，是当前导游们必读的经典。今天，我们谈的不是这本书，而徐霞客的背景。徐霞客的曾祖父名叫徐经，是江苏省无锡市的一个大地主、大土豪。当年，徐经非常仰慕唐伯虎的才华，便主动提出与其结伴，同去京城参加科举考试。最开始，唐伯虎并不愿意，但徐经说，你一个人很孤单，再加上我有很多仆人，带了许多钱财，到了京城包你一切开销。唐伯虎看在钱的分上，才答应了徐经的请求。

他们进京参考的那一年是弘治十三年（1500年），当时的京城会试主考官为程敏政和李东阳。两人都是大明朝有名的文坛大咖，才高八斗，出题的难度就可想而知了，当年的考题对学子来说十分冷僻。参加考试的学子，大多无法作答，而令人意外的却有两张试卷，答题贴切，且文辞优雅，作为主考官的程敏政得知情况后，竟脱口而出："此两张卷子定为唐寅、徐经所做。"这叫"说者无意，听着有心"。有些人迅速将这话传播开去，很快就蜚语满城，盛传"江阴富人徐经贿金预得试题。"

这时，作为监督部门的户科给事华昶便借机弹劾主考程敏政漏

题，这事也牵连到了唐伯虎。明孝宗得知情况后，敕令程敏政不得阅题，并派遣大学士李东阳，会同其他试官进行复审，最后证明徐、唐两人皆不在录取之中。此次虽然闹了一个乌龙，但舆论闹得很大，以至没法收场。朝廷为了平息舆论，令锦衣卫秘密审讯调查，虽然没有抓到程敏政漏题的证据，但也查到他的一些违规。比如，土豪公子徐经到京城时，拜访了主考官程敏政，还送了见面礼，并且礼遇不薄。同时，唐伯虎也曾用一枚金币向程敏政乞文。于是，处理意见很快下来了，徐经和唐伯虎均遭削除仕籍，发县衙为小吏。

主考官程敏政罢官还家，不久便愤郁发疽而亡。唐伯虎耻于当小吏，未去就职，自此消极颓废，不再科举。而徐经也从此告别仕途，连他的后代也专心经商，不问前程了。于是，才有了后来的徐霞客旅游大好河川，为我们留下了一本珍贵的作品——《徐霞客游记》。

风流才子点秋香

唐伯虎回到老家，与妻子反目，家庭生活不太和谐。于是，他借酒消愁，常常到处游玩，以解无趣和烦恼的生活。

有一次，唐伯虎到茅山去进香，路过无锡市。晚上，他去看灯会，偶然见到了人群中一个美妙绝伦的女子，当女子回眸一笑，他的心就被偷走了。这一场景，辛弃疾似乎写过，“蓦然回首，那人却在灯火阑珊处”。当代女诗人席慕蓉也写过“前世五百次的回眸，才换来今生的一次相遇”。于是，该发生的事就要发生了。唐伯虎见到这个美妙女子，就“除却巫山不是云”，抛开一切，跟着这个姑娘往前走去，直到走到了一处豪华的府苑。原来，这就是鼎鼎大名的华学士的家，而姑娘就是该府的女婢。

一见钟情，在这一刻流露无遗。为了能追求到姑娘，唐伯虎想尽了一切办法。最后，他决定通过应聘的方式进入华府，做了一名书童，被华府改名为华安。毕竟唐伯虎是有才之人，在府中没多久，就受到了主人的宠爱和信任。

文、祝二人许久不见唐伯虎，到处找他。后来，经过多方打听，他们才得知唐伯虎在华府做事，便相伴来到无锡，亲自到华府拜见。见了唐伯虎之后，得知缘由，自是一片揶揄。

大家认为，唐伯虎一直在华府待下去，也不是办法，最后商量了一个对策，请求华学士答应给华安挑选一个婢女作为妻子。紧接着，点秋香的典故就开始了。这天，华夫人将华府所有的婢女都集合起来，让她们站在大厅里供唐伯虎挑选。然而，从头到尾看了一遍，就是不见秋香的身影，唐伯虎仍不放弃，对华夫人说：“既承恩典，我想看到全部婢女。”这时，站在身旁的儿媳妇提醒华夫人：“秋香被您差去后花园了。”华夫人这才明白过来，叫人把秋香唤到大厅，秋香出现，唐伯虎这才满意。当天夜里，他就带着秋香私奔到了祝家。

第二天，秋香与华安私奔的消息就传遍了华府，华学士赶忙派人去祝家询问，谁知华安说秋香不在自己府内，在唐伯虎家呢。此时华学士才恍然大悟，原来自己的书童华安，就是大名鼎鼎的唐伯虎，这才亲自到唐府拜访，从此两家结为亲家，往来不断。

当然，这个故事是虚构的。真实的历史史料，是没有这样的记载。这只不过是文人雅士，为了博人眼球，编造的一些传奇供人娱乐罢了。后来周星驰的电影，也是根据这些传说进行了加工，给故事增加不少喜剧色彩。

卖画为生才归尘土

再后来，唐伯虎在苏州的生活已经没有少年的舒适和愉悦了。京城科举一事对他打击很深，使其丧失了年轻时的锐气。唐伯虎开始变得消沉，借酒消愁，唯有字画解忧。

之后，随着字画的大受欢迎，钱财越来越多，终于在正德二年（1507年），38岁的唐伯虎筑起了自己的别墅，取名为桃花庵，他还写了一首诗《桃花庵歌》，非常著名：“桃花坞里桃花庵，桃花庵下桃花仙。桃花仙人种桃树，又摘桃花换酒钱。”除了这首，唐伯虎在桃花庵里，还创作了其他作品，比如诗歌《言志》：“不炼金丹不坐禅，不为商贾不耕田。闲来就写青山卖，不使人间造孽钱”等。

明嘉靖二年（公元1524年），唐伯虎走完了他54年的人生。一代天才就这样结束了曲折的岁月。虽然科举仕途并不顺心，虽然爱情生活并不圆满，虽然人生命运太多坎坷，但是唐伯虎的才华得到了后世的最大认可和传扬，他的诗歌正如林中的花、鸟、叶，充满着勃勃生机，并奔放地蔓延开去。

文到尾声，我们再说一说唐伯虎的书面用名，他其实叫唐寅。唐伯虎如何而来，是因为他性格疾恶如仇，愤世嫉俗，又在政治斗争中屡次惨败，看透官场的黑暗后，他特为自己刻下一枚印章，印章上把唐寅改成了“伯虎”，用来表示对恶势力的抗争。“伯虎”一典出自唐代封演的《闻见录》，书中有“魍魉精怪畏惧虎与伯”之说。为此，《论印绝句》还特别写诗对其进行了赞扬：“六如居士最清狂，两字曾传‘伯虎’章。想见罔良（通“魍魉”）遮白日，疾邪聊示铁肝肠。”